MARCO POLO

IBIZA
FORMENTERA

Reisen mit **Insider Tipps**

MARCO POLO Autor Andreas Drouve

Andreas Drouve ist dem Inseldoppel Ibiza und Formentera seit Langem erlegen: versteckte Buchten, Traumstrände, Klippen, das herrliche Klima, die pulsierende Inselhauptstadt, verstreute Dörfer. Nach Studium (Germanistik, Völkerkunde, Spanisch) und Promotion war Drouve als Redakteur einer deutschen Tageszeitung tätig, seit Mitte der 1990er-Jahre arbeitet er als freier Autor und Journalist in Spanien.

www.marcopolo.de/ibiza

← **UMSCHLAG VORN: DIE WICHTIGSTEN HIGHLIGHTS**

Die besten Insider-Tipps → S. 4

INSIDER TIPP

Best of ... → S. 6

Eivissa/Ibiza-Stadt → S. 32

Der Südwesten → S. 50

4 DIE BESTEN INSIDER-TIPPS

6 BEST OF ...
- TOLLE ORTE ZUM NULLTARIF S. 6
- TYPISCH IBIZA & FORMENTERA S. 7
- SCHÖN, AUCH WENN ES REGNET S. 8
- ENTSPANNT ZURÜCKLEHNEN S. 9

10 AUFTAKT

16 IM TREND

18 STICHWORTE

24 ESSEN & TRINKEN

28 EINKAUFEN

30 DIE PERFEKTE ROUTE

---

32 EIVISSA/IBIZA-STADT
LEBENSLUST VOR WUCHTIGEN MAUERN: JUBEL, TRUBEL, LANGE NÄCHTE – IM SOMMER GEHT ES IN EIVISSA HEISS HER

50 DER SÜDWESTEN
SANT ANTONI DE PORTMANY, SANT JOSEP DE SA TALAIA, SANT RAFEL

SYMBOLE

INSIDER TIPP Insider-Tipp

★ Highlight

●●●● Best of ...

☼ Schöne Aussicht

☺ Grün & fair: für ökologische oder faire Aspekte

(*) kostenpflichtige Telefonnummer

PREISKATEGORIEN HOTELS

€€€ über 170 Euro

€€ 100–170 Euro

€ bis 100 Euro

Die Preise gelten für eine Übernachtung von zwei Personen im DZ in der Hauptsaison (Juli/Aug.)

PREISKATEGORIEN RESTAURANTS

€€€ über 22 Euro

€€ 15–22 Euro

€ bis 15 Euro

Die Preise gelten für ein Essen ohne Getränke bzw. für ein typisches Tagesmenü

INHALT

DER NORDOSTEN 66
ES CANAR, PORT DE SANT MIQUEL, PORTINATX, SANTA EULÀRIA, SANT CARLES

FORMENTERA 80
ES PUJOLS, LA SAVINA, SANT FRANCESC

Der Nordosten → S. 66

AUSFLÜGE & TOUREN 94
SPORT & AKTIVITÄTEN 100
MIT KINDERN UNTERWEGS 104
EVENTS, FESTE & MEHR 108
LINKS, BLOGS, APPS & MORE 110
PRAKTISCHE HINWEISE 112
SPRACHFÜHRER 118
REISEATLAS 124
REGISTER & IMPRESSUM 134
BLOSS NICHT! 136

Ausflüge & Touren → S. 94

Sport & Aktivitäten → S. 100

Reiseatlas → S. 124

GUT ZU WISSEN
Geschichtstabelle → S. 12
Spezialitäten → S. 26
Teurer Diskospaß → S. 44
Zukunftsmusik → S. 48
Luxus hinter Bruchstein → S. 64
Bücher & Filme → S. 73
Grüne Strecken → S. 91
Nützliche Meereswälder → S. 93
Was kostet wie viel? → S. 113
Wetter → S. 117

KARTEN IM BAND
(126 A1) Seitenzahlen und Koordinaten verweisen auf den Reiseatlas
(0) Ort/Adresse liegt außerhalb des Kartenausschnitts Es sind auch die Objekte mit Koordinaten versehen, die nicht im Reiseatlas stehen
(U A1) Koordinaten für die Karte von Eivissa im hinteren Umschlag

UMSCHLAG HINTEN: FALTKARTE ZUM HERAUSNEHMEN →

FALTKARTE
(⟪ A–B 2–3) verweist auf die herausnehmbare Faltkarte
(⟪ a–b 2–3) verweist auf die Zusatzkarte auf der Faltkarte

Die besten MARCO POLO Insider-Tipps

Von allen Insider-Tipps finden Sie hier die 15 besten

INSIDER TIPP Bikefieber
Raus aufs Land zu Opuntien und einsamen Gehöften, von Hügel zu Hügel, von Bucht zu Bucht. Auf Ibiza stehen annähernd 20 Radwanderstrecken zur Wahl (Foto o.) → S. 100

INSIDER TIPP Nonnenkost
Süß oder salzig? Die Backwaren kommen aus dem *Kloster Sant Cristòfol*, verkauft von der kleinen Gemeinschaft der Augustinerinnen, die sich in Dalt Vila über die Zeiten gerettet hat → S. 43

INSIDER TIPP Gut gebettet
Abseits des Trubels liegt das Komforthotel *Victoria* im Hinterland von Sant Josep. Pluspunkt: der Ausblick übers Grün bis zum Meer → S. 61

INSIDER TIPP Töpferstation
Carlos Icardi ist auf Ibiza einer der letzten Meister seines Fachs. In seinem Töpferatelier in Sant Rafel gibt er sogar der alten Schutzgöttin Tanit ein neues Keramikgesicht → S. 64

INSIDER TIPP Schwimmendes Bett
Ein einwöchiger Segeltörn mit Skipper verhilft nicht nur zu perspektivischem Wechsel, sondern spart auch die im Sommer in teils hohen Sphären schwebenden Übernachtungskosten an Land → S. 102

INSIDER TIPP Open-Air-Hotellerie
Zelten ist auf Ibiza ein Sonderfall, auf Formentera sogar komplett verboten. Eine gute Alternative zu überteuerten Sommerquartieren ist der Campingplatz *La Playa* bei Es Canar. Cala Martina, die nächste Bucht, liegt in direkter Nachbarschaft → S. 68

INSIDER TIPP Ein Herz für Kinder
Für den Familienurlaub in einem kinderfreundlichen Hotel bietet sich der entlegene Nordosten an. Über der Platja des Figueral breitet sich das Invisa-Hotel *Club Cala Blanca* aus. Der Nachwuchs wird Spaß an den Pools und auf der Pirateninsel haben → S. 79

INSIDER TIPP Warm-up für Nachtschwärmer

In Platja d'en Bossa, Eivissas vibrierender Vorstadt im Süden, bringt Sie das *Ushuaïa* in Schwung und Stimmung für die Nacht → S. 47

INSIDER TIPP Totenstille

Typischer Verstorbenenkult auf dem *Puig d'en Missa* in Santa Eulària, eine anschauliche Kurzlektion in Sachen Volkskunde → S. 74

INSIDER TIPP Küstenwalk

Formentera intensiv entdecken? Eine schöne Tour führt von Es Pujols zur langen Platja de Llevant, wo die Hüllen fallen. Dazwischen drücken Dünen und Felsen der Küste ihre Stempel auf → S. 83

INSIDER TIPP Mediterrane Landluft

Schön sind Ausflüge in ländliche Gebiete mit typischer Mittelmeervegetation, so wie um *Santa Agnès de Corona,* wo es würzig nach Kiefern duftet, wo Oliven- und Johannisbrotbäume wachsen → S. 97

INSIDER TIPP Am „Stinkenden See"

Da man an den Stränden häufig einsinkt und die Gelenke belastet, bietet sich auf Formentera der Wanderweg um die Süd- und Westufer des *Estany Pudent* für die persönliche Energieleistung an → S. 84

INSIDER TIPP Fiesta im Winter

Es muss nicht immer eine dröhnende Sommerparty sein. Wer im Januar nach Ibiza reist, erlebt in *Sant Antoni de Portmany* das musikalisch umrahmte Stadtfest → S. 108

INSIDER TIPP Ein Fall für Sehleute

Die Küste Formenteras mit Muskelkraft entdecken und die Natur auf sich wirken lassen – dazu eignet sich ein Trip im Seekayak. Ausleihe ist in La Savina möglich → S. 103

INSIDER TIPP Tafeln statt beten

Sa Capella bezeichnet eine alte Kapelle, die bei Sant Antoni in ein stilvolles Restaurant verwandelt wurde: ein Heiligtum der kulinarischen Szene Ibizas (Foto u.) → S. 54

BEST OF ...

TOLLE ORTE ZUM NULLTARIF
Neues entdecken und den Geldbeutel schonen

SPAREN

● *Deutsch-ibizenkische Wohnkultur*
Für sein Wohn- und Arbeitshaus wählte der Münchner Architekt und Maler Erwin Broner vor Jahrzehnten ein Plätzchen über den Klippen von Eivissas Viertel Sa Penya – mit herrlichem Ausblick. Heute ist die *Casa Broner* ein Stück Geschichte, der Eintritt ist frei → S. 35

● *Lebendiges Mittelalter*
Wenn Gaukler und Tänzer, Edelleute und Händler in der ersten Maihälfte über mehrere Tage Eivissas Altstadt bevölkern, kann das nur eines bedeuten: Es ist wieder *Mittelalterfest* in Dalt Vila, und dann gibt es ganz umsonst viel zu schauen und zu bestaunen → S. 109

● *Taktvoll*
Wenn sich donnerstags am frühen Abend Tänzerinnen und Tänzer in ihren ibizenkischen Trachten vor der Kirche von Sant Miquel de Balansat formieren, dann steht das nicht für folkloristisches Geklingel, sondern für lebendige Traditionspflege. Zuschauen kostenlos! → S. 71

● *Beamtentempel mit Stil*
Einst Kloster, nun Rathaus von Eivissa. Aus den Zeiten der Dominikaner hat sich der schöne Kreuzgang erhalten, zu dem während der behördlichen Öffnungszeiten der Zutritt frei ist → S. 35

● *Kultstätte*
In der entlegenen Hügelwelt des Nordostens zog es in vorchristlicher Zeit die Punier in ein kleines Sanktuarium in einer Höhle: *Es Cuieram*. Folgen Sie den Spuren der frühen Inselbewohner in diese Kult- und Ausgrabungsstätte. Der Zutritt ist kostenlos → S. 78

● *Zu Gast bei Lebenskünstlern*
Die Hippiemärkte halten Ibizas gute alte Zeit lebendig. Neben den letzten Alt-Hippies sind auch immer viele andere schräge Vögel dabei: Mittwochs an der Punta Arabí von Es Canar (Foto) und samstags in Sant Carles gibt's viel zu schauen, auch wenn Sie gar nichts kaufen wollen → S. 68, 78

●●●● Diese Punkte zeichnen in den folgenden Kapiteln die Best-of-Hinweise aus

TYPISCH IBIZA & FORMENTERA
Das erleben Sie nur hier

● *Strandzeit*
Typisch Ibiza sind die vielen kleinen Buchten, die sich rund um die Insel legen. Eine besonders malerische ist die *Cala Llenya* im Nordosten: feiner Sand, flacher Einstieg ins Wasser, landeinwärts begrenzt von Kiefergürteln → S. 78

● *Hafentreff*
Was wären die Trauminseln ohne ihre Traumhäfen? Ausgesprochen schön ist *Port de La Savina*, Garant für Atmosphäre und Auffangbecken für jene, die aus Ibiza kommend in Formentera einlaufen. Damit erleben Sie gleich zu Beginn ein Highlight der „Friedensinsel" → S. 88

● *Schweres Geschütz*
Der hart umkämpfte Mittelmeerraum verlangte einst nach bestens bewehrten Anlagen. Was vormals die Feinde abschrecken sollte, zieht heute Besucher magisch an: Eivissas Altstadt *Dalt Vila* mit ihren Mauern und Bollwerken (Foto) → S. 36

● *Abendstimmung*
Auf den Inseln gibt es einige Top-Spots für den Sonnenuntergang. Legendärer Platz auf Ibiza ist das *Café del Mar* am Westende von Sant Antoni de Portmany → S. 56

● *Diskomythos*
Ein Dauerbrenner, der Ibizas Ruf als Partyinsel seit Jahrzehnten festigt und der auch im Winter an ausgewählten Tagen öffnet: die Riesendisko *Pacha*. Im Sommer herrscht gelegentlich Promialarm → S. 45

● *Grüner Weg*
Auf Formentera spielt die Natur die Hauptrolle. *Camí de Sa Pujada* heißt einer der schönsten „Grünen Wege", die quer über die Insel führen. Der Sa-Pujada-Weg verläuft als Panoramatrasse zwischen Hoch- und Flachland und ist jede Anstrengung wert → S. 84

● *Gegen den Strom*
Die Strände der Inseln waren schon Treffs der Alt-Hippies, die mit Konventionen und Regeln brachen. Obgleich eigentlich untersagt, lassen es Neu-Hippies an der *Cala de Benirràs* sonntags so richtig krachen und ihre Trommeln erbeben → S. 69

BEST OF ...

SCHÖN, AUCH WENN ES REGNET
Aktivitäten, die Laune machen

REGEN

● *Reif für die Inselgeschichte*
Das zur Punischen Nekropole gehörende *Museu Monogràfic* am Puig des Molins in Eivissa ist das beste der Inseln. In den Sälen steht der frühe Totenkult im Mittelpunkt, der seine Ergänzung in einer begehbaren Grabhöhle findet → S. 41

● *Grottengut*
Einst ein berüchtigtes Schmugglerquartier, heute leuchten hier Tropfsteine in künstlichem Lichterglanz: Ein Streifzug durch die *Cova de Can Marçà* bei Port de Sant Miquel macht Regen vergessen → S. 70

● *Kunstadresse*
In Eivissa überrascht das Museum für Zeitgenössische Kunst *(Museu d'Art Contemporani)* mit seiner kleinen Sammlung internationaler Künstler und den archäologischen Resten in der Tiefe → S. 40

● *Partytime*
Was kümmert's Partyfreaks, wenn der Himmel seine Schleusen öffnet? In Sant Rafel finden sie gleich doppelt Unterschlupf: in den Diskos *Amnesia* und *Privilege*. Sollte es nach der Sperrstunde immer noch regnen – dann muss man ohnehin ein wenig im Hotelbett ausruhen → S. 65

● *Im Reich des Bacchus*
Auf zur Weinprobe! Die Bodega *Sa Cova* bei Sant Mateu d'Albarca ist eines von wenigen Weingütern auf Ibiza. Eine Rarität also und ein echter Familienbetrieb mit ehrlichen Tropfen, die Sie hier direkt an der Quelle verkosten (und kaufen) können (Foto) → S. 60

● *Alte Sitten und Gebräuche*
Untergebracht im Landhaus Can Ros, macht das *Museu D'Etnografia* auf dem Kirchhügel von Santa Eulària mit Sitten, Gebräuchen und Landleben des alten Ibiza vertraut → S. 74

ENTSPANNT ZURÜCKLEHNEN
Durchatmen, genießen und verwöhnen lassen

● *Im Landhotel der Welt entrückt*
Ein Traum vom ruralen Ibiza: Das Naturgelände des Landhotels *Can Lluc* mit seinen Johannisbrot- und Olivenbaumbeständen liegt bei Sant Rafel – Entspannung pur im Pool und zwischen Bruchsteinmauern (Foto) → S. 65

● *Hochprozentig*
Ein sanfter Durchspüler, das ist der *hierbas,* der typische Kräuterlikör. Eine genüssliche Wohltat, nach der man sich entspannt zurücklehnen kann → S. 29

● *Das letzte Tageslicht*
Wenn sich das letzte Licht des Tages auf das Falkenkap legt und der Sonnenball langsam im Meer versinkt, dann wird die *Platja d'es Codolar* zum magischen Ort – einfach nur zum Genießen! → S. 48

● *Wie neu geboren: Wellness am Stadtrand*
Der dem *Ibiza Gran Hotel* am Zentrumsrand von Eivissa angeschlossene Spa steht auch jenen offen, die nicht im Hotel logieren – eine Luxusinvestition ins eigene Wohlbefinden → S. 46

● *See you later in the beachbar*
Sonnenuntergang mit Stil: Zum entspannten Chillen am Ende des Tages trifft man sich auf Formentera gerne im *Big Sur* an der Platja Es Cavall d'en Borrás → S. 90

● *Schwitzkur*
Lassen Sie es im Dampfbad und in der Sauna des Landhotels *Atzaró* so richtig laufen! Den Nachschlag für die Rundum-Entspannung gibt's im schönen Relaxbereich → S. 77

● *Aussicht mit Paella*
In der Cala d'Hort magnetisiert der Ausblick auf die „Dracheninseln" – das unvergleichliche Panorama können Sie mit einer Paella und einem Gläschen Wein im Restaurant *El Carmen* kulinarisch unterlegen → S. 63

ENTDECKEN SIE IBIZA & FORMENTERA!

Räucherstäbchen, Schweiß, Leder, Seife: Ein kerniger Duftmix hängt in der Luft, während Kleider und Tücher made in India, Ketten, Diademe, Hanfschuhe und Nippesdinge aller Art unter Sonnensegeln den Besitzer wechseln. Zwischen den Ständen zwängen sich Menschenmassen hindurch, irgendwo erklingt Livemusik. „Hippiemärkte" wie der von Las Dalias bewahren die Aura des alten Ibiza, der Blumenkinder, die einst in den Sechziger- und Siebzigerjahren kamen. In ihrem Sog strömte die internationale Feriengemeinde nach und ließ die Mittelmeerinsel zum Inbegriff von Sun & Fun aufsteigen, von ungezügeltem Drogen- und Alkoholkonsum, Rock 'n' Roll und freier Liebe.

Die im Winter wie jungfräulich daliegenden Straßen und Plätze verwandeln sich zur wärmsten Jahreszeit noch heute in heiße Spots: in Schaubühnen und Laufstege der Eitelkeiten, in Anmachmeilen, Tummelbecken von gelifteten Jetsetlern und längst ergrauten Althippies. Hier geizt man weder mit Reizen, noch spart man an phantasievollen Outfits, an denen sich spannt und hervorlugt, was andernorts überdeckt

Bild: Cala Xarraca, Ibiza

Den Sonnenuntergang am Meer genießen – da kommt Urlaubsstimmung auf

gehört. Mit steigenden Promillepegeln sinken die Hemmschwellen. Ibizas legendäre Sommernächte werden zum Tag, der Tag verschwimmt vor Augen. Unter solcherlei Vorzeichen schwebt Europas Jugend unverändert zum Dauer-Event ein. Man vergnügt sich in Gay- und Cocktailbars, tanzt in Szenetreffs und Megadiskos bis zum Umfallen, trifft sich nach den relaxenden Stunden am Strand zu Sundownern und Schaumpartys. Wer hierher kommt, weiß, was er will und sucht – besinnliche Ruhe ganz bestimmt nicht. Oder vielleicht doch? Denn auch heute gibt es noch das „andere", das beschauliche Ibiza, das einen Besuch zu jeder Jahreszeit lohnt und das mit seinem Zauber aus Farben, Licht und Gerüchen schon zu Beginn des 20. Jhs. Künstler und Intellektuelle aus ganz Europa in seinen Bann zog. Während im Sommer mancherorts die wildesten Partys toben und das Diskofieber bis zum Delirium steigt, genießt man abseits der vibrierenden Epizentren die Stille und die idyllischen Bil-

Um 1600 v. Chr.
Für Ibiza ist eine Siedlung im Inselosten nachgewiesen

654 v. Chr.
An der Stelle des heutigen Eivissa gründen Karthager ihre erste Siedlung

1. Jh. v. – 5. Jh. n. Chr.
Römische Herrschaft auf den Inseln

Ab dem 8. Jh.
Die Mauren breiten sich auf den Pityusen aus

1235
Eroberung der Inseln durch die Katalanen

1555–85
Neue Anlage des Befestigungsrings von Eivissa

AUFTAKT

der. Und das selbst während der Saison – eine seltsame Parallelwelt. Natur bleibt halt Natur, Alltag ist Alltag. An den Stränden nutzen die Fischer ihre Bootsschuppen wie vor Urzeiten, staubige Schotterpisten tauchen häufiger auf als vielleicht erwartet. Ideal für die persönliche Auszeit sind Aufenthalte in einsam gelegenen Landhäusern mit urigen Zimmern und erstklassigem Service. *Agroturismo*, der „sanfte" Tourismus auf dem Land, setzt den Kontrapunkt zur hitzigen Partytime. Frei von wummernden Bässen führen Rad- und Wanderwege durch abgeschiedene Wacholderhaine und Pinienwälder, Berge und Buchten laden zu Entdeckungen ein. Und von der Seeseite bieten sich aus Kajak oder Segelboot ganz andere Ansichten!

Ibiza und Formentera bilden ein faszinierendes Inseldoppel, das vor Spaniens Festlandsküste im Mittelmeer liegt, zu den Balearen gehört und unter dem Begriff Pityusen firmiert. Schon Karthager, Römer und Mauren fühlten sich hier wohl, während sich die wahre Weltgeschichte woanders abspielte. Ibiza und Formentera schwammen allenfalls am Rande mit, weshalb große Kulturschätze heute eher Mangelware sind. Aus frühzeitlichen Epochen haben sich Grabhöhlen erhalten, die klobigen Wachtürme an den Küsten legen Zeugnis von den stets befürchteten Piratenattacken zwischen dem 16. und 18. Jh. ab. Auch viele Kirchen haben Wehrcharakter – häufig verschanzte man sich im

> **Über dem Hafen thront die wehrhafte Altstadt**

Gotteshaus und wehrte Angriffe der Türken unter dem Zeichen des Kreuzes ab. Der steten Furcht vor Angriffen ist die eindrucksvolle Silhouette von Eivissa zu verdan-

17./18. Jh.
Ständige Bedrohungen durch Piraterie, geringe Besiedlung

1936–39
Spanischer Bürgerkrieg; nach der Niederlage der Republikaner folgen Jahrzehnte der Diktatur unter General Francisco Franco

1958
Auf Ibiza wird der Flughafen eröffnet

1960er-Jahre
Beginn der Hippiekultur und des Massentourismus auf den Inseln

1975
Nach Francos Tod wird Juan Carlos I. zum König proklamiert

ken, der stark befestigten Hauptstadt Ibizas. Das historische Hügelviertel Dalt Vila schließt mit gewaltigen Mauerverbünden und Bollwerken ab und zählt zum Welterbe der Unesco – und das erfüllt alle Insulaner mit Stolz! Wie viele unter den heutigen *Ibicencos* rein ibizenkisches Blut in den Adern haben, lässt sich kaum ermessen. Offiziell beziffert man die Einwohnerzahl der Inseln auf 130 000, wovon 8000 auf Formentera entfallen. Längst haben viele Auswärtige auf den Inseln eine neue Heimat gefunden, darunter viele *residentes,* wie die Zugereisten hier genannt werden, aus unterkühlten mittel- und nordeuropäischen Sphären. Im Juli und August schwitzen alle um die Wette, zu Jahresbeginn weiden sie sich am Anblick der Mandelblüte und genießen an manchem Wintertag das Frühstück auf der Terrasse. Der Traum von ewiger Wärme wird allerdings nicht unbedingt wahr: Wohl dem, der im Winter eine Heizung im Haus hat!

Berge und Buchten, Inseln, Strände & Meer

Auf den Pityusen bleibt alles in überschaubarem Rahmen. Ibiza bringt es auf 572 km^2, Formentera misst gerade einmal 82 km^2. Autobahnen sucht man auf beiden Inseln vergebens. Formentera hat – kurios, aber wahr – nicht einmal Ampeln! Ibiza und Formentera liegen in Sichtweite voneinander, zwischen den Inseln herrscht reger Fährverkehr. Strände gibt es ohne Ende, allein auf Ibizas Karten sind über 50 verzeichnet. Allerdings reihen sich die Strandareale nicht nahtlos aneinander. Manche sind nur zu Fuß erreichbar, liegen in kleinen Buchten und sind von Klippen begrenzt. Das wohl temperierte Wasser glänzt hellblau bis türkis, draußen ankern Yachten, aus den Strandbars strömen betörende Düfte, die Appetit machen. Für Kontraste sorgen Täler im Inland und eine vielfältige mediterrane Pflanzenwelt mit Lavendel, Thymian, Wacholder, Kiefern, Wildkräutern, Kakteen, Agaven. Feigen-, Mispel- und Johannisbrotbäume, Mandel- und Orangenhaine und Weingärten fügen sich harmonisch ins Bild. Sieht man einmal von Eivissa, Sant Antoni und Santa Eulària ab, fällt die verstreute Besiedlung auf. Als stille Wahrzeichen sind die kalkweißen Häuser allgegenwärtig, Siedlungen wie Santa Agnès de Corona und Sant Mateu d'Albarca pflegen ihr Dorfidyll.

Der Natur wird auf Ibiza und Formentera ein besonderer Stellenwert zugemessen, weite Gebiete stehen unter Schutz. So wie die alten Salinen, die auf beiden Inseln

1999 Die Unesco ernennt die befestigte Altstadt von Eivissa (Ibiza-Stadt) zum Weltkulturerbe

2008 Die Inselregierung führt auf Ibiza Sperrstunden für Bars und Diskos ein

2011 Bei Spaniens Parlamentswahlen siegt die konservative Volkspartei

2013/14 Skandale um Korruption und politische Selbstbedienungsmentalität, Pleitewellen und Einschnitte ins soziale Netz erschüttern das Land; die Wirtschaftskrise verschont auch die Pityusen nicht

AUFTAKT

Die Plaça d'Espanya mit dem Rathaus ist der Mittelpunkt von Santa Eulària d'es Riu

heute als Vogelschutzzonen dienen. Am höchsten hinaus geht es auf Ibizas Berg Sa Talaia, einen bewaldeten Buckel von immerhin 475 m Höhe mit herrlichem Blick über Hügel und Meer. Formentera hingegen zeigt sich von flacherer Gestalt und ganz auf Naturerlebnisse geeicht. Im Norden schieben sich die Strände bis an das vorgelagerte Eiland Espalmador heran, im Osten wirft sich das Hochplateau La Mola um den Berg Sa Talaiassa auf bescheidene 192 m auf.

> **Zum Fischreis einen ehrlichen Landwein**

Zum Glück steht nicht alles im Zeichen des Fremdenverkehrs, der den Inseln mit alljährlich ca. 1,7 Mio. Besuchern (darunter an die 300 000 Deutsche) den Stempel aufdrückt und die mit Abstand wichtigste Einnahmequelle bildet. Abstoßende Bettenburgen sind eher die Ausnahme, und Unternehmungslustige entdecken noch erstaunlich unbeleckte Dörfer. Hier begegnet man noch Alten, die durch die Gassen schlurfen und Fremde freundlich grüßen. In ihrer Traditionspflege stehen die Einheimischen den übrigen Spaniern in nichts nach; sie feiern ihre Feste mit Hingabe, pflegen ihre Bräuche, formieren sich bei Patronatsfeiern in ihren Trachten zu Tänzen, legen ihren Sonntagsschmuck an und lauschen der Predigt des Inselbischofs in der überfüllten Dorfkirche. Auf *català*, versteht sich, der hier verbreiteten katalanischen Sprache. Ansonsten spricht jeder auch Spanisch, im Tourismusbusiness manch einer sogar Deutsch. Auch auf kulinarischem Gebiet lauern keine großen Gefahren: Der einheimischen Küche können Sie ruhig vertrauen. Zu den Spezialitäten zählt *arròs amb peix*, der typische Fischreis. Dazu empfiehlt sich ein ibizenkischer Wein: vollmundig, körperreich, ein ehrlicher Tropfen. Und dann mit frischen Kräften auf zu neuen Entdeckungen!

IM TREND

1 Farbe bekennen

Kunst & Gastro Kreative Luft außerhalb eines Museums schnuppern die *Ibicencos* Mi ab 20 Uhr (Juni–Sept.) im Restaurant in der Cala Nova bzw. ab 19.30 Uhr (Okt.–Mai) in der *Bar Costa (Foto)* in Santa Gertrudis. Dort treffen sich die Mitglieder des *Art Club Ibiza* zum künstlerischen Austausch. Spiegel des Schaffens sind einige private Kunstgalerien *(galerías de arte)* und der für Installationen und Video Art geeignete Bereich für Wechselausstellungen unterm Dach des *Museu d'Art Contemporani* in Eivissa.

2 Auf Wiedersehen!

Das Hippie-Revival *Ibiza Fashion* spiegelt den Geist, die Leichtigkeit und Lebensfreude der Insel wider. Summerfeeling kommt bei Blumenkleidern und Pareos auf, echten Hinguckern, wie sie die *Ibiza Fashion Factory* auf ihrer Homepage *(ibizafashion-factory.com)* präsentiert und vertreibt. Die typischen schwingenden Röcke u. a. gibt es bei *Reina & Roses (Apartado 736 | Santa Eulalia del Río | www.reinaandroses.com)*, wofür Designerin Brigitte Fussy verantwortlich zeichnet.

3 Öko-Luxus

So schläft man heute Auf Ibiza florieren nachhaltige Hotels, die jeden Komfort bieten. Wie das 😊 *Can Martí (Sant Joan de Labritja | www.canmarti.com) (Foto)*, das in einem 400 Jahre alten Gebäude untergebracht ist und nach ökologischen Gesichtspunkten renoviert wurde. Eine wichtige Rolle spielt die Solarenergie. Auf den Feldern der Finca wird ökologischer Landbau betrieben. Wer nicht nur einen grünen Flecken, sondern auch sich selbst finden möchte, ist im Yogazentrum *Jardín de Luz (Sant Miquel | www.ibizagardenoflight.com)* richtig.

Auf Ibiza und Formentera gibt es viel Neues zu entdecken. Das Spannendste auf dieser Seite

Stressfrei am Wasser

Beach Life Ibiza ist bekannt für seine Beachbars und Lounges. Dass man dort nicht nur abends feiern, sondern sich auch tagsüber schon auf das wilde Nachtleben vorbereiten kann, spricht sich erst herum. Liegen und Holzbetten direkt im Sand lassen im *Blue Marlin (www.bluemarlinibiza.com) (Foto)* in der Cala Es Jondal von April bis Mitte Oktober ebensowenig Stress aufkommen wie das Restaurant und der Terrassenbereich. Im *PK2 (Camí de S'Estanyol | www.pk2ibiza.com)* stehen internationale DJ-Größen nicht nur nachts an den Platentellern, sie liegen tagsüber auch einfach in der Hängematte herum oder lassen sich das gute Essen schmecken. Im *Sa Trinxa (Platja de Ses Salines | www.satrinxa.com)* treffen sich tagsüber die Beaus und Inselschönheiten, bevor es abends auf die Piste geht.

Vorfahrt fürs Fahrrad

Weg frei! Für Radfahrer sind Ibizas Straßen leider immer noch häufig ein nicht ungefährliches Pflaster. Gut, dass sich die Inselverwaltung seit einiger Zeit zunehmend für unmotorisierte Zweiradfahrer einsetzt und über den Tourismusverband inzwischen ein gutes Dutzend interessanter Mountainbikerrouten ausgewiesen hat. Nahe Santa Gertrudis verläuft neuerdings auch ein Stück Radweg parallel zur Straße. Räder zu mieten ist gelegentlich über die Unterkünfte möglich. Auf Formentera, wo es zwölf für Radler geeignete „Grüne Routen" immerhin auf eine Gesamtlänge von knapp 55 km bringen, gibt es ein weitaus größeres Angebot an Radverleihern *(siehe auch Kapitel Sport & Aktivitäten)*.

Bild: Kirche von Sant Miquel de Balansat

STICHWORTE

ARCHITEKTUR

Aus der Ferne wirken manche Dörfer wie Schachtelwerke aus weißen Kuben – die würfelförmigen Bauelemente scheinen miteinander verwachsen. Andernorts vermitteln einsame Bauernhäuser den Eindruck von kleinen, abweisenden Bastionen. All das ist kein Zufall, sondern typisch für die ländliche Architektur, die sich an historische Einflüsse aus der maurischen Welt und des östlichen Mittelmeerraums anlehnt. Das über zahlreiche Menschenzeitalter gepflegte Konzept beim Hausbau basierte weniger auf ästhetischen Vorlieben denn auf Zweckmäßigkeit. Stets hatte und hat man die klimatischen Gegebenheiten vor Augen. Dicke Mauern und kleine Fenster halten Hitze und Kälte zurück, das Kalkweiß reflektiert die Sonnenstrahlen. Über das von innen mit wuchtigen Balken gestützte Dach kann das Regenwasser direkt in die Zisterne ablaufen. Und um den Eintritt kühlerer Nordwinde zu vermeiden, legte man die Haupteingangstür an die Südseite. Einblicke in traditionelle Baustrukturen erhalten Reisende von heute z. B. in etlichen restaurierten Landhäusern, die zu Hotels umfunktioniert wurden. Nicht wirklich stilecht allerdings: Bad mit Dusche gab es in früheren Zeiten nicht!

DICHTER UND KÜNSTLER

Zu den frühen Insel-„Entdeckern" von auswärts zählten der katalanische Maler, Schriftsteller und Journalist Santiago

Weiße Häuser, Folklore und bunte Vogelwelt: Das Leben auf Ibiza und Formentera ist vielseitig – lassen Sie sich überraschen!

Rusiñol i Prats (1861–1931), der Ibiza im Überschwang *Isla blanca*, „weiße Insel", taufte, sowie der deutsche Philosoph, Zeit- und Literaturkritiker Walter Benjamin (1892–1940), der zwei längere Aufenthalte auf Ibiza hatte: von April bis Juli 1932 und von April bis September 1933. Die Insel war ihm von einem Bekannten empfohlen worden. Beide Male ließ er sich an der Bucht von Sant Antoni de Portmany nieder, während er seine Berliner Wohnung vermietete. Daheim wurde er allerdings um die Mieteinnahmen betrogen. Zu den Ergebnissen seines literarischen Schaffens unter südlicher Sonne zählt die lesenswerte Essay-Sammlung „Ibizenkische Folge".

Eine prägende historische Gestalt in Ibizas Kunstszene war der Münchner Maler und Architekt Erwin Broner (1898–1971), der nach seiner Flucht aus Nazi-Deutschland 1934 auf die Insel kam. Zusammen mit anderen Künstlern gründete er die Gruppe „Ibiza 59" und veranstaltete bis zu deren Auflösung Mitte der 1960er-Jahre zahlreiche Ausstellungen. In Eivissas einstigem Fischerviertel Sa Penya baute er sich sein eigenes, heutzutage für Besucher geöffnetes Haus aus (s. auch Kapitel „Eivissa", „Sehenswertes").

Das Flair der Inseln regt auch heute noch Kunstschaffende aller Länder und unterschiedlichster Metiers an, die sich im *Art Club Ibiza (www.art-club-ibiza.com)* zusammengeschlossen haben. Auf ihrer „Kunstroute" *(Ruta del Arte)* animieren sie zu Atelierbesuchen und machen mit wechselnden Initiativen und Ausstellungen auf sich aufmerksam. In der Reihe der Mitglieder des Art Club Ibiza stehen Maler wie Johannes Breitsprecher, Andrea Hügel, Hildegard Illies und die Madrilenin Carmen Palomino, die sich vom Licht des Mittelmeers „gefangen" fühlt.

FAUNA

Weit gefehlt, wer auf den Inseln einzig schräge Vögel vermutet. Inmitten einer reichen Vogelwelt halten ornithologisch Interessierte Ausschau nach dem seltenen Fischadler, dem Turmfalken und der zur Familie der Kormorane gehörenden Krähenscharbe, die es auf eine stattliche Größe von 75 cm bringt und an ihrem hakenförmigen Schnabel erkennbar ist. Die Krähenscharbe lebt ebenso

Reizvoll ist eine Landpartie vor allem zur Mandelblüte

an den Felsenküsten wie die Weißkopfmöwe, die Korallenmöwe und der Gelbschnabel-Sturmtaucher. Gelegentlich taucht der Eleonorenfalke auf, ein kleiner Raubvogel, der sich im Spätherbst in die afrikanischen Winterquartiere aufmacht und im Frühling zurückkehrt. Wer Glück hat, bekommt in den Salinen Flamingos vor das Fernglas oder das Objektiv. Darüber hinaus findet man diverse Eulen- und Reiherarten, während sich die restliche Tierwelt am Boden mit Hasen, Kaninchen, Igeln, Feldmäusen und Rebhühnern nicht so spektakulär ausnimmt. Ganz selten kommen Ginsterkatze und Steinmarder vor. Ebenfalls eine Rarität ist der *Podenco ibicenco,* eine windhundähnliche Rasse, die hier gezüchtet wird;

STICHWORTE

typisch für diesen schlanken, hochbeinigen Jagdhund ist sein weiß-rotbraunes Fell. Allgegenwärtig sind Eidechsen, teils grün, teils bläulich schimmernd, ob an den Felsenküsten oder den Stadtmauern von Dalt Vila. Giftige Tiere braucht man auf den Inseln zum Glück nicht zu fürchten! Der Blick in die Unterwasserwelt zeigt, dass gelegentlich Delfine und Meeresschildkröten auftauchen, auf deren Speisezettel u. a. Quallen stehen.

FLORA

Oliven-, Orangen-, Zitronen-, Feigen-, Johannisbrot- und Mandelbäume versprühen mediterrane Exotik. Charakteristisch ist die Aleppokiefer mit ihrer schirmartigen Krone sowie der oftmals verkrüppelt wirkende Phönizische Wacholder. Hinzu gesellen sich Zwergpalmen, Mastixsträucher, Bougainvilleen, Zistrosen, Oleander und ibizenkischer Ginster. Außerdem sind über zwanzig verschiedene Orchideengewächse dokumentiert, in den Dünen kommt der Gewöhnliche Strandhafer vor. Wer durch die Natur streift, wird sich an der Vielfalt kaum sattsehen und vor allem -riechen können, denn Rosmarin, Thymian, Lavendel und andere Wildkräuter verbreiten überall würzigen Duft. Eine Besonderheit ist das staudenähnliche, gelbe Rutenkraut, das bis zu drei Meter groß werden kann. Weiterhin typisch sind die weiß blühenden Strandlilien (auch: Dünen-Trichternarzissen) und der krautige, gelbe Hornklee.

FOLKLORE

Ohne einen Gedanken an touristische Showeffekte zu verschwenden, pflegen die Insulaner ihre Folklore und haben sich mancherorts in Volkstanzgruppen *(colles de ball pagès)* zusammengeschlossen. Die vier wichtigen Tänze heißen La Llarga, La Curta, Les Nou Rodades und La Filera. Während sich die Frau mit sanften Bewegungen eher zurückhält, vollführt der Mann um sie herum regelrechte Sprünge. Für den musikalischen Rahmen sorgen Flöten, Trommeln und große Kastagnetten. Bei den Trachten sind orientalische Einflüsse unverkennbar, die Frau legt an hohen Festtagen traditionsgemäß ihre wertvolle Gold- und Korallenkette an, die *emprendada*. Die Männer kommen schlichter daher: Weiße Hosen, rote Schärpen, rote Mützen sowie einfaches Schuhwerk aus Hanf und Segeltuch *(espardenya)* zählen zu ihrer typischen Festtracht.

KATALANISCH

Der 8. August des Jahres 1235 war von entscheidender Tragweite und markiert im Rückblick den wichtigsten Tag der Lokalgeschichte. Damals stürmten die Katalanen auf Geheiß ihres expansionsfreudigen Königs Jaume I. die Insel Ibiza und drückten den Pityusen fortan mit Kultur und Sprache ihren Stempel auf. Erhalten hat sich bis heute das Katalanische *(català)*, das hier in einer für Außenstehende kaum wahrnehmbaren Dialektvariante gesprochen wird und nicht zuletzt als Ausdruck regionalen Selbstbewusstseins gilt. Katalonien steht den Bewohnern Ibizas und Formenteras halt näher als das stets mit Gedanken an Zentralgewalt verknüpfte spanische Kernland mit seinem behördlichen Wasserkopf Madrid. Die auf den Inseln verbreitete Zweisprachigkeit ist für Auswärtige mitunter schwer nachvollziehbar. Jeder Einheimische spricht im Regelfall Spanisch *(castellano)*, aber nicht immer *català*. Im Reisealltag sieht man Orts- und Verkehrsschilder durchweg auf Katalanisch, während sich bei Adressenangaben teils katalanische, teils spanische und damit etwas anders geschriebene Ausdrücke finden.

PROMIS

Vor allem im Sommer tummeln sich auf Ibiza Stars und Sternchen aus Film, TV, Showbiz und Mode. Spaniens Gazetten berichten ausgiebig vom bunten Treiben, ob in den Megadiskos oder an der Marina Botafoc in Eivissa. Die Liste bekannter Inselbesucher liest sich wie ein Who-is-who des internationalen Showgeschäfts. Was mit Roman Polanski, Ursula Andress und Nina Hagen begann, hat sich bis heute mit Madonna, Elle McPherson, Eros Ramazzotti, Penélope Cruz und Kultregisseur Pedro Almodóvar fortgesetzt. 2013 verstarb die dänische Schauspielerin, Sängerin und Moderatorin Vivi Bach, die jahrelang an der Seite ihres Mannes Dietmar Schönherr auf Ibiza gelebt hatte, auf der Insel. Auch europäische Fußballgötter und Spaniens Royals werden immer wieder gesichtet – Promialarm!

SALINEN

Die Tradition der Salzgewinnung reicht bis in phönizische Zeiten zurück. Heute gehört die ökologisch wertvolle Landschaft der alten Salinen zusammen mit einigen Dünen und Stränden wie Es Cavallet und Ses Salines zum *Parque Natural de Ses Salines d'Eivissa i Formentera*, in dem über 200 Vogel- und rund 180 Pflanzenarten vorkommen. Die jährliche Salzgewinnung schreitet dennoch voran und liegt zurzeit bei etwa 35 000 t. Exportiert wird das Salz u. a. auf die Färöer-Inseln, wo es für die Einsalzung von Fisch dient.

SPORT

Bei der Sportbegeisterung stehen die Insulaner den Festlandsspaniern in nichts nach. Surfen, joggen, Stand-up-Paddle-Surfing, tauchen, wandern, segeln, Rad fahren, mit dem Seekajak auf Erkundungstour gehen – alles ist möglich. Auch wenn es auf den Pityusen kein Erstligateam aus überbezahlten Balltretern gibt, bleibt König Fußball Spitzenreiter in der Zuschauergunst – zumindest im Fernsehen. Wenn die Ligamatches der Primera División samstags und sonntagabends live im TV übertragen werden, trifft man sich gerne in den Kneipen und lässt die Torschreie heraus – aber nicht für Real Madrid! Im katalanischen Sprachgebiet drücken die meisten dem FC Barcelona die Daumen.

UMWELTSCHUTZ

Groß haben sich die Pityusen das Thema Natur und Umweltschutz auf die Fahne geschrieben; allein auf Ibiza stehen mehr als 40 Prozent der Fläche unter Schutz. Zwischen dem Süden Ibizas und dem Norden Formenteras breitet sich der *Parque Natural de Ses* aus, der auf seinen knapp 120 km^2 Salinen, Strände, Dünen, Klippen und die Meereszonen samt kleineren Eilanden umfasst. Neid erweckend ist die Sauberkeit vieler Strände, von denen etliche mit der „Blauen Flagge" geadelt wurden. Um die Dünen zu schützen, wurden Holzstege und Abtrennungen angelegt. Gleich daneben mahnen Schilder, die fragilen Ökosysteme nicht zu betreten (was in der Praxis allerdings nicht immer beachtet wird). Auf den Inseln mangelt es an natürlichen Wasserquellen, und zum mediterranen Klima gehören lange Trockenperioden. Wasser ist deshalb knapp und kostbar, sodass die Behörden mit Appellen wie „Sparen Sie Wasser im Urlaub!" Feriengäste zu sensibilisieren versuchen.

Müll ist ein weiteres Dauerthema, das unter den Nägeln brennt. Auf Formentera z. B. bleibt bislang keine andere Wahl, als die Abfälle nahe dem Kap de Barbaria auf der Deponie von Es Cap „offiziell kontrolliert" abzuladen – sicher keine Lösung für die Ewigkeit.

STICHWORTE

WACHTÜRME

Erhaben stehen sie dort, trotzen seit Jahrhunderten Wind und Wetter: die Wachtürme auf den Pityusen, die von unruhigen Zeiten künden. Geriet ein Piratenschiff in Sicht, entzündeten die Wächter auf dem Dach ein Warnfeuer. Statt über ebenerdige Türen verfügten die in Sichtweite zueinander gelegenen Türme meist über einen Einstieg auf halber Höhe, zugänglich nur über Strickleitern, die bei Angriffen eingezogen werden konnten. Heute haben die Rundbauten ihre ursprüngliche Funktion selbstredend eingebüßt, sind nur noch monumentaler Zierrat über der Küste. Manche erreicht man nur zu Fuß, betreten oder besteigen darf man sie nicht.

WEINBAU

„Es hatte mich immer gewundert", sagt Juan Bonet Riera, „wie wir auf Ibiza aus so guten Trauben einen solch üblen Wein machen konnten." Sein Vater sei da keine Ausnahme gewesen. Anfang der 1990er-Jahre entschloss sich der eigentlich im Tourismus tätige Juan, aus seinem Hobby einen Beruf zu machen und den Weinbau auf eine professionelle Basis zu stellen. Er kaufte ein paar Erbgrundstücke der Familie zusammen, hegte die Pflänzchen und experimentierte – bis er vom Resultat überzeugt war und die ersten Tropfen seiner bei Sant Mateu gelegenen Bodega *Sa Cova* auf den Markt brachte (s. auch Kapitel „Der Südwesten", Sant Mateu d'Albarca). Damit leistete er Pionierarbeit auf der Insel, die mittlerweile von Tochter Sara fortgesetzt wird. Im Landesvergleich ist Ibiza aber ein Zwerg unter den spanischen Weinproduzenten. Offiziell registriert sind nur fünf Bodegas, die Jahresgesamtproduktion beläuft sich auf ca. 140 000 Liter. Zu den wichtigsten Rebsorten zählen Monastrell, Tempranillo und Merlot. Die Weine tragen die geografische Herkunftsbezeichnung *Vino de la tierra Ibiza*.

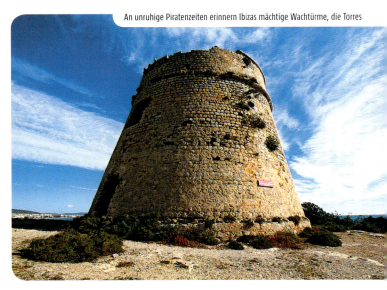

An unruhige Piratenzeiten erinnern Ibizas mächtige Wachtürme, die Torres

ESSEN & TRINKEN

Das Meer macht Appetit, auf den Speisekarten schwimmt eine riesige Vielfalt an Seegetier obenauf. Wer sein kulinarisches Herz an Fisch verloren hat, ordert am besten eine gemischte Fisch- oder Meeresfrüchteplatte.

Feinschmecker rühmen den getrockneten Fisch, den man mitunter in dünne Streifen schneidet, um damit Salate anzureichern – was jedoch Geschmackssache ist. Gerne kombiniert man Fisch und Krustentiere mit Reis, einem wichtigen Bestandteil der Mittelmeerküche – ob bei der Paella oder dem Reis nach Fischerart *(arròs de pescador)*. Gerne auch wird Reis mit Fleisch *(arròs amb carn)* oder mit Kürbis *(amb carabassa)* zu schmackhaften Gerichten zusammengestellt. Zu beachten bei der Bestellung: In Restaurants werden Reisgerichte wie die Paella meist nur für mindestens zwei Esser angeboten. Wer Lust auf Fleisch verspürt, bekommt in erster Linie Schaf- bzw. Lammfleisch. Huhn, Lamm- und Schweinefleisch bilden die Grundlage für den deftigen Bauerneintopf *sofrit pagès* mit Kartoffeln, Blutwurst *(butifarra)* sowie Schweins- und Paprikawurst *(sobrasada)*, die für einen länger anhaltenden Beigeschmack im Mund bürgt.

Zur Grundlage der gesunden und ausgewogenen Mittelmeerküche zählen vor allem Knoblauch und Olivenöl, die sich in der beliebten Soße *allioli* vereinen. Zu Fisch- und Fleischgerichten reicht man gerne eine Soße bzw. Paste *(picada)* auf Öl-, Knoblauch- und Kräuterbasis, je nach Hausrezept mit Mandeln, Wein oder Pe-

Bild: Straßenrestaurants in Eivissa

Auf den Inseln können Sie Fisch bis zum Abwinken kosten oder sich den Freuden einer deftigen Landküche hingeben

tersilie zubereitet. Bei den Speisezutaten schwören die Insulaner auf vielerlei Gewürze, Blüten, Blätter, Kräuter und Beeren: ob Lorbeer oder Paprika, Rosmarin oder Safran, Oregano, Thymian oder Majoran.

Unter Spaniern spielt das Frühstück keine große Rolle und beschränkt sich meist auf Kaffee und Croissants. Ordentliche Hotels haben sich aber auf den Morgenappetit ihrer mitteleuropäischen Klientel eingestellt. Im Gegensatz zum klassischen Milchkaffee *(café con leche)*, dem kleinen Kaffee mit einem Schuss Milch *(cortado)* und dem Espresso *(café solo)* führt der Tee *(te)* ein Schattendasein und wird meist nur als liebloser Beutelaufguss serviert.

Für Spanier schlagen mittags und besonders abends die eigentlichen Speisestunden. Traditionell nehmen sich die Einheimischen ausgiebig Zeit zum Essen und begreifen dies nicht als bloße Nahrungsaufnahme. Unter Einfluss eines guten Tropfens wächst ein Gesprächsforum heran, das sich durchaus ein paar

SPEZIALITÄTEN

▶ **arròs a banda** – gekochter Reis mit Tintenfischstücken; die Basis aus Fischsud gibt den besonderen Geschmack und die Konsistenz

▶ **arròs de matances** – „Schlachtreis" mit Hühnerstücken und Schweinerippen, zubereitet in Hühnersud, im Herbst mitunter mit Pilzen

▶ **arròs sec** – Reisgericht, das der Paella entspricht und in das Fisch und Meeresfrüchte ebenso gehören wie Paprika, Kaninchen- und Hühnerfleisch

▶ **bullit de peix** – Fischtopf mit Kartoffeln; wird mit etwas Tomate, Zwiebel, Knoblauch und Petersilie, je nach Rezept und Aufwand auch mit Safran, gerösteten Brotkrumen und Mandeln zubereitet

▶ **bunyols** – Fettgebäck, wird gerne bei Volksfesten gegessen

▶ **calamars a la bruta** – Tintenfische, gekocht in der eigenen Tinte

▶ **coca** – eine Art salziger Kuchen mit Belag; beliebt sind die Varianten mit Paprikaschoten (*coca amb pebreres*) oder mit Zwiebeln und Tomaten (*coca amb ceba i tomata*)

▶ **empanades** – Teigtaschen, wahlweise gefüllt mit Fisch (*de peix*), Fleisch (*de carn*) oder Gemüse (*de verdura*)

▶ **ensaimada** – trockenes Hefeteiggebäck in Schneckenform (unterschiedliche Größen), mit Puderzucker bestreut

▶ **ensalada payesa/pagesa** – „Bauernsalat" mit getrocknetem Fisch, in den gekochte Kartoffeln und geröstete Paprikaschoten gehören; populär auf Formentera; auf Katalanisch bekannt auch als *enciam amb peix sec*

▶ **flaó** – eine Art Käsekuchen, verfeinert mit Minze und Anislikör

▶ **frit d'anyell** – Lammfleischpfanne mit Paprika, Kartoffeln, Knoblauch; typisch auf Formentera

▶ **greixonera** – Dessert aus in Milch eingeweichten Ensaimada- oder Brotstücken, die in Ei gebacken werden

▶ **guisat de peix** – Fischtopf mit Kartoffeln und Paprika

▶ **hierbas** – der Name an sich bedeutet „Kräuter" und steht hier für den typischen süßen Kräuterlikör der Inseln

▶ **macarrons de Sant Joan** – Makkaroni, in Milch mit Zucker und Zimt gekocht; Nachspeise

▶ **pebreres farcides** – mit Fisch gefüllte Paprikaschoten

▶ **sofrit pagès** – gut gewürzter Eintopf mit Wurst, Kartoffeln, Fleisch (Lamm, Schwein, Huhn)

ESSEN & TRINKEN

Stündchen hinziehen kann. Mittags beginnt man zwischen 13.30 und 14.30 Uhr mit dem Tafeln, abends selten vor 21 Uhr. Dank der touristischen Einflüsse aus Mitteleuropa kann man in manchen Restaurants und Hotels allerdings schon ab 19 Uhr zu Abend essen, mitunter gibt es von mittags bis abends durchgehend warme Küche. In erstklassigen Restaurants empfiehlt sich vor allem während der Hochsaison eine frühzeitige Reservierung. Bei einem mehrgängigen Degustationsmenü *(menú de degustación)* zeigt der Küchenchef, was in ihm steckt.

In Restaurants gibt es einige stille Spielregeln. So gilt: Setzen Sie sich niemals unaufgefordert zu Spaniern an den Tisch; der Brauch ist unbekannt und würde Befremden auslösen. Auch wird nicht gerne gesehen, wenn jeder extra für sich bezahlt. In spanischen Grüppchen wirft man zusammen und splittet die Kosten zu gleichen Teilen auf. Diese Handhabe wird meist auch von Auswärtigen erwartet.

Unter Mittag- und Abendessen verstehen die Einheimischen im Regelfall ein dreigängiges Menü aus Vorspeise, Hauptgericht und Dessert. Aber natürlich sind die drei Gänge kein Zwang! Für den kleinen Hunger zwischendurch eignen sich Appetithäppchen, die berühmten *tapas*. Wochentags zur Mittagszeit ist man mit einem preisgünstigen Tagesmenü *(menú del día)* gut beraten, wobei sich Erlebnishungrige nicht vor authentischen Restaurants der Einheimischen scheuen sollten – diese liegen allerdings nicht an vorderster Hafenfront, sondern eher ein wenig versteckt in Hintergassen. Hier ist das Menü des Tages draußen an der Kreidetafel notiert, hier bekommt man noch etwas fürs Geld. Der Preis liegt günstigstenfalls bei 8–9 Euro und beinhaltet Brot und Wein; ein Gedeck schlägt nicht extra zu Buche, die Mehrwertsteuer (IVA) in Höhe von zehn Prozent ist meist enthalten. Luxus dürfen Sie aber nicht erwarten, was ebenso für einen schlichteren Tagesteller *(plato del día;* ab ca. 5 Euro) gilt: Die Sets sind aus Papier, im Hintergrund dröhnt der Fernseher. Auf den Tisch kommt meist eine Karaffe mit

Typischer Kräuterlikör: Hierbas Ibicencas

kühlem Leitungswasser, das durchaus trinkbar ist. Ansonsten bestellt man Mineralwasser *(agua mineral)*, ob mit Kohlensäure *(con gas)* oder ohne *(sin gas)*.

Auf alkoholischem Gebiet reicht die Auswahl, abgesehen von den üblichen spanischen Biersorten, vom einfachen Hauswein über die Tropfen aus ibizenkischen Bodegas bis zu importierten Spitzenprodukten aus Navarra oder La Rioja. In erster Linie sind Rotweine verbreitet, doch es gibt auch gute Rosés und Weiße. Nach dem Essen sollten Sie unbedingt den **INSIDER TIPP** Kräuterlikör *Hierbas* probieren.

27

EINKAUFEN

Ibiza ist für die ausgefallenen Kreationen der Adlib-Mode bekannt, inselweit große Zugkraft genießen die sogenannten Hippiemärkte. Die Geschäfte öffnen meist Mo–Sa 9.30–13.30 und 16.30/17–20 Uhr. Da es kein Ladenschlussgesetz gibt, schließen die Shops in der Hochsaison mitunter später und haben in touristischen Zentren auch durchgehend und auch sonntags geöffnet.

HIPPIEMÄRKTE

Als bunte Treffs mit Entertainment-Faktor sind die von Frühling bis Herbst abgehaltenen ★ Hippiemärkte schon legendär, obwohl heute neben den letzten Althippies und ein paar schrägen Freaks auch ganz normale, professionelle Marktbeschicker mit Massenware vertreten sind. Einen hohen Bekanntheitsgrad genießt der Mittwochsmarkt von Es Canar in Punta Arabí (in der Regel vom 1. Mittwoch im April bis zum letzten Mittwoch im Oktober). Die Auswahl an den Ständen umfasst alles Lebensnötige und -unnötige wie Armbänder, Ohrringe, Buttons, Blusen, Kleider, Taschen, gebrauchte Bücher, Sandalen, T-Shirts, Skulpturen, Lederartikel, Seife, Kerzen, Aromen – Kitsch und Nippes inklusive. Das ganze Jahr über (samstags) findet der Hippiemarkt beim Restaurant Las Dalias am Ortseingang von Sant Carles statt.

KULINARISCHES

Auf den Wochenmärkten können Sie sich gut mit typischen Produkten eindecken, ob für den Direktverzehr oder zum Mitnehmen: eingelegte Oliven, getrocknete Feigen, Orangen, Mandarinen, Schafskäse, luftgetrockneter Schinken *(jamón serrano)* oder Blutwurst *(butifarra)*. Die rötliche Schweins- und Paprikawurst *(sobrasada)* ist je nach Produkt auch als Brotaufstrich geeignet.

KUNSTHANDWERK

Authentische Keramikkunst bekommt man noch in Sant Rafel, auf halbem Weg zwischen Eivissa und Sant Antoni. Zur Auswahl stehen Henkelkrüge und Vasen, Schmuckteller, Amulette, Kacheln und Schälchen. Mitunter haben Vorbilder aus punischen Zeiten Pate gestanden. Eine breite Auswahl anderer Produkte bekommt man auf Kunsthandwerkermärkten *(mercadillos de artesanía)*, wie sie zusätzlich zu den Hippiemärkten während der Saison regelmäßig abgehalten

Schicke Boutiquen, Hippiemärkte – zwischen Kunst und Kitsch finden Sie eine breite Auswahl für jeden Geschmack

werden, auf Formentera z. B. mittwochs und sonntags, jeweils nachmittags, in El Pilar de la Mola.

MODE

„Adlib" heißt das Zauberwort, das die Modebranche seit Flower-Power-Zeiten bestimmt. Erwachsen aus der Hippiekultur, folgten lokale Designer dem Leitsatz „Kleidet euch, wie's euch gefällt", aber mit Geschmack! Die unkonventionelle Kleidung der Hippies war den Modeschöpfern Quelle der Inspiration, aus der sie mit viel Phantasie einen gesellschaftsfähigen Stil für Sie entwickelten: freizügig, extravagant, körperbetont, sinnlich. Traditionell gibt Weiß den Farbton an, doch es geht auch farbig. Die Kleider, Blusen und Kostüme finden Absatz bei denen, die genug Kleingeld haben, denn die wahre Adlib-Mode ist keine Massenware, sondern kommt zu stolzen Preisen in Boutiquen daher. Eine breite Auswahl bietet die Hauptstadt Eivissa.

SPIRITUOSEN & WEIN

Der Kräuterlikör ● *hierbas* wird in diversen Flaschengrößen und mit dekorativen Kräuterzweigen in der gelblich-süßen Flüssigkeit verkauft. Einen guten Ruf genießen die Produkte der 1880 gegründeten Destillerie Marí Mayans *(www.hierbasibicencas.es)*, die für ihren preisgekrönten Likör *Hierbas Ibicencas* nicht weniger als 18 verschiedene Pflanzenextrakte verwendet. Ob Rosmarin, Anis, Wacholder, Thymian oder Minze – die genaue Mixtur ist ein gut gehütetes Betriebsgeheimnis! Auf jeden Fall fördert das Getränk die Verdauung, verfügt über universelle Heilkräfte und ist gut gegen Rheuma und Atemwegsleiden. Zu empfehlen sind auch die ibizenkischen Weine, die Sie in Bodegas wie Sa Cova direkt beim Erzeuger kaufen können. Im Preisniveau freilich zeigt sich, dass die Bewirtschaftung des Bodens viel Arbeit kostet und die heimischen Tropfen keine Massenware sind.

DIE PERFEKTE ROUTE

DREH- UND ANGELPUNKT: EIVISSA

Die Route führt zunächst im Uhrzeigersinn um die Insel Ibiza herum. Im Leihauto lernen Sie dabei die wichtigsten Highlights kennen, ehe Sie den Wagen abgeben, per Boot zur kleineren Nachbarinsel Formentera übersetzen und dort einen Inseltrip zu den Top-Spots starten. Schöne Ziele am Wegesrand verlocken dazu, die Route nach Belieben um Tage zu verlängern, auch Wanderungen sind einplanbar. Startpunkt ist Ibizas Hauptstadt ❶ *Eivissa* → S. 32, die Sie zwischen Hafen und mauerumzogenem Altstadthügel ins Schwitzen bringt. In Kneipen, Cafés und Restaurants stocken Sie die verlorenen Kalorien wieder auf – die herrlichen Ausblicke gibt's umsonst dazu.

SALINEN, BERGE, DRACHENINSELN

Von Eivissa geht es quer durch die Salinen – mit Blick auf glitzernde Wasserflächen und Salzberge – zu den ersten Top-Stränden ❷ *Platja d'es Cavallet* → S. 48 und ❸ *Platja de ses Salines* → S. 49. Weniger zum Schwimmen als wegen der Aussicht empfiehlt sich ein rumpeliger Zusatzabstecher zur ❹ *Platja d'es Codolar* → S. 48. Ein grandioser Perspektivwechsel folgt hinter ❺ *Sant Josep de sa Talaia* → S. 60 mit der Auffahrt auf Ibizas Bergthron *Sa Talaia* → S. 64. Die Alternative ist der schweißtreibende Aufstieg zu Fuß ab Sant Josep. Im äußersten Südwesten ist die entlegene ❻ *Cala d'Hort* → S. 62 (Foto li.) der beste Platz, um den „Dracheninseln" Es Vedranell und Es Vedrà auf ihre steinigen Schuppenpanzer zu schauen.

DER LÄNDLICHE NORDWESTEN

Zurück in Sant Josep de sa Talaia, machen Sie von hier aus einen Schlenker zur ❼ *Cala Bassa* → S. 58, einer Traumkulisse aus Wasser, Sand und dahinterliegenden Kiefern. Dann geht's weiter nach ❽ *Sant Antoni de Portmany* → S. 50, Ibizas zweitgrößter Stadt mit schönem Hafen und prallem Leben. Inmitten der Kneipenflut fällt niemand trocken. Die Weiterfahrt durch ❾ *Santa Agnès de Corona* → S. 59 und ❿ *Sant Mateu d'Albarca* → S. 59 macht das andere, das ländliche Ibiza greifbar (Foto re.). Unterwegs sehen Sie Mandelbäume und Weinstöcke. In ⓫ *Sant Miquel de Balansat* → S. 71 steigen Sie zum Kirchhügel auf, ab ⓬ *Port de Sant Miquel* → S. 69 lohnt ein Abstecher zur *Cova de Can Marçà*, einer spektakulär ausgeleuchteten Tropfsteinhöhle, einst ein Schmugglernest.

STRÄNDE & ALTHIPPIES

Wie wär's mit einer Abkühlung? Nach der Rückfahrt nach Sant Miquel steuern Sie ⑬ *Portinatx → S. 71* an; in und um den Ort erwarten Sie die netten, kleinen Strände des Nordens. Ergänzend legen Strandfans einen Stopp an der ⑭ *Cala de Sant Vicent → S. 79* ein. Das Kontrastprogramm zu Sand und Wasser bieten die Hippiemärkte: samstags in ⑮ *Sant Carles → S. 77*, mittwochs in ⑯ *Es Canar → S. 66*. Im Städtchen ⑰ *Santa Eulària des Riu → S. 73* lohnen der Besuch des Hafens oder der Aufstieg auf dem *Puig de Missa*, bevor Sie sich auf dem Rückweg nach Eivissa an der ⑱ *Platja de Talamanca → S. 49* ins Wasser stürzen können. Wem das Sommernightlife in der Hauptstadt nicht reicht, der taucht ein paar Kilometer nördlich bei ⑲ *Sant Rafel de Forca → S. 64* in die Welten der Megadiskos *Amnesia* und *Privilege* ab.

NACH FORMENTERA

Dann heißt es „Leinen los!" – für die Fahrt nach Formentera bleibt nur der Seeweg. Ab dem Ankunftshafen ⑳ *Port de La Savina → S. 88* verästeln sich nur wenige Hauptverkehrsachsen über die Insel, die – ebenso wie auf Ibiza – einen fahrbaren Untersatz unverzichtbar machen, wenn man alles sehen möchte: zunächst im Süden die raue Klippenlandschaft um das ㉑ *Cap de Barbaria → S. 93*, dann ostwärts die Hochebene *La Mola*. Endstation ist der Leuchtturm östlich von ㉒ *El Pilar de la Mola → S. 85*. Auf dem Rückweg bieten sich Stopps an den „Strändchen" *Ses Platgetes* bei ㉓ *Es Caló de Sant Agustí → S. 86* und an der langen ㉔ *Platja de Mitjorn → S. 87* an. Krönender Abschluss ist das Naturschutzgebiet der Salinen mit Stränden wie der ㉕ *Platja de ses Illetes → S. 90* und der *Platja de Llevant → S. 83*. Irgendwann geht's ab La Savina dann zurück nach Eivissa.

ca. 300 km. Reine Fahrzeit ca. 6 Std.
Empfohlene Reisedauer: 5–6 Tage
Detaillierter Routenverlauf auf dem hinteren Umschlag, im Reiseatlas sowie in der Faltkarte

EIVISSA/ IBIZA-STADT

Schrill, schriller, Eivissa. In der Hochsaison platzt Ibizas Hauptstadt aus allen Nähten, avanciert zur Inselmetropole des Dauerspektakels. In der Sommerglut strömen hier die heißesten Ladies und die coolsten Typen zusammen.

Schön, dass der Rahmen dazu passt und sich alles andere als steril ausnimmt: Altstadtmauern, Promenaden und das Meer setzen dem Ganzen gleich mehrere i-Tüpfelchen auf. Am Hafenbecken riecht's nach Öl und weiter Welt. Hier laufen Fähren und Containerschiffe ein, Motorboote und Segelyachten steuern ihre Liegeplätze an. In der historischen Oberstadt Dalt Vila geht es bis zur Kathedrale steil bergauf – ein Kraftakt, der mit grandiosen Ausblicken belohnt wird. Nur eines bietet Eivissa nicht: Strände.

Doch die Wege auf der Insel sind nicht weit, und die ersten Sandweiten beginnen gleich am Stadtrand. So wie die *Platja de Talamanca,* die *Platja de ses Figueretes* und vor allem die *Platja d'en Bossa,* wo sich die meisten Hotels und viele Vergnügungspools konzentrieren.

EIVISSA

KARTE IM HINTEREN UMSCHLAG
(126 C5) (*E5*) **Einst fürchtete sich Eivissa vor osmanischen Feinden und verschanzte sich hinter gigantischen Mauern, heute bläst die Fungemeinde im Sommer zum Sturm auf die Stadt (50 000 Ew.) – und wird mit offenen Armen empfangen.**

Bild: Eivissa, Altstadt und Yachthafen

Lebenslust vor wuchtigen Mauern: Jubel, Trubel, lange Nächte – im Sommer geht es in Eivissa heiß her

WOHIN ZUERST?
Plaça d'Antoni Riquer (U D4)
(ID d4): Lassen Sie Ihr Auto auf einem der Parkplätze außerhalb stehen (z. B. an der Av. de la Pau oder nahe der Plaça d'Antoni Albert i Nieto). Überall fahren Busse ins Zentrum *(Centre)*; Netzplan: *www.ibizabus.com*. An der Promenade um die Plaça d'Antoni Riquer startet der Aufstieg in die Dalt Vila.

Vor allem im Juli und August herrscht Ausnahmezustand. Dann tummelt sich im weiten Dunstkreis des Hafens ein buntes, internationales Völkchen, das bereit ist, sich auf jedwede Art zu amüsieren. Fast jeder bringt ein gerüttelt Maß an Vergnügungs- und Flirtbereitschaft mit, und auf der Suche nach wildem Nightlife und amourösen Urlaubsabenteuern wird kaum jemand enttäuscht. Erlaubt ist, was Spaß bringt – in phantasievollen, schrillen Kostümen, in knappen Stoffen oder gleich transparent. Straßen und Plätze

EIVISSA

verwandeln sich in Laufstege für Selbstdarsteller. Vereint feiern Hippies und Freaks, Schwule und Heteros bis zum Ende der konditionellen Fahnenstange – oder dem Beginn der Sperrstunde. Mit

Altstadtgasse zu Füßen des Burgbergs

der umstrittenen Einführung der frühmorgendlichen Schließzeiten von Bars (3 Uhr) und Diskos (6 Uhr), die allerdings weiterhin in der Diskussion stehen und jederzeit wieder modifiziert werden können, haben die Behörden auf die Spaßbremse getreten und ein Zeichen gegen ein zügelloses Nightlife und gesetzesfreie Räume gesetzt.

Historisch fährt Eivissa schweres Geschütz auf – nicht nur auf den Kanonenplateaus von Dalt Vila. Man rühmt sich, eine der ältesten Städte Europas zu sein. Die phönizisch-punische Nekropole am „Mühlenhügel" *Puig des Molins* gehört ebenso zum Unesco-Welterbe wie *Dalt Vila* selbst, wo sich die mächtigen Mauern seit maurischen Zeiten aufwerfen und auf Befehl Philipps II. im 16. Jh. erneuert wurden.

In Ibizas Hauptstadt fällt die Orientierung leicht. Als Anhaltspunkte dienen das Hafenbecken und die vom Kathedralturm gekrönte Oberstadt Dalt Vila; im Zentrum markiert die Promenade Passeig de Vara de Rey den Übergang in die moderneren Zonen. Exklusiv und schick geht es um die Marina Botafoc zu, bodenständiger in den Vierteln Sa Penya und La Marina, die leider auch immer wieder wegen Drogenhandels in die Schlagzeilen geraten sind. Früher, als der Fang noch reichhaltig und an Massentourismus nicht zu denken war, lebten hier die Fischer. Mit ihren typischen Segelbooten, den *llaïts*, versuchten sie ihr Glück auf See. Bis Mitte des 20. Jhs. galten die *llaïts* als die am meisten verwendeten Schiffe, in den Werften gab es reichlich zu tun.

SEHENSWERTES

AJUNTAMENT (U D5) (*d5*)

Seit 1838 genießt die Beamtenschaft im Rathaus *(Ajuntament)* eine besondere Arbeitsidylle für den Büroschlaf: Eivissas Verwaltung ist in einem alten Dominikanerkloster untergebracht, das seine Gründung Ende des 16. Jhs. erlebte und dessen Gemeinschaft 1835 aufgelöst wurde. Im doppelstöckigen Kreuzgang weisen Schilder zu diversen Ämtern, im Refektorium, dem einstigen Speisesaal, werden die regionalen Belange durchgekaut. Dort nämlich, unter den teilwei-

EIVISSA/IBIZA-STADT

se erhaltenen Gewölbemalereien und in plüschig rotem Sesselambiente, tagt das Plenum. Im Vorraum des Sitzungssaals streift man an einer Gemäldegalerie mit Köpfen illustrer Persönlichkeiten vorbei. Während der vormittäglichen Öffnungszeiten des Rathauses *(Mo–Fr 8–15 Uhr)* können Besucher einen Blick in den ● malerischen Kreuzgang werfen. Während des Mittelalterfests im Mai ist der Kreuzgang Schauplatz von Kulturveranstaltungen.

Die Bogenfront des Rathauses wendet sich der von Palmen gesäumten *Plaça d'Espanya* zu. Gleich gegenüber zieht sich ein begehbarer Tunnel ins altstädtische Mauerwerk hinein. Wer lieber an der frischen Luft bleiben möchte: In Sichtweite liegt die ☼ Mauerpromenade mit herrlichen Ausblicken auf die Hafenzufahrt; auf dem kleinen Vorplatz erinnert eine liegende Figur an Guillem de Montgrí, den Erzbischof von Tarragona, der 1235 großen Anteil an der katalanischen Eroberung der Insel hatte. *Plaça d'Espanya*

CAPELLA DE SANT CIRIAC
(U C5) (*m c5*)

Kapelle in Form eines vergitterten Miniraums in der Altstadt, der an die katalanische Einnahme der Stadt am Tag des hl. Cyriakus (8. August 1235) erinnert. Damals stürmten christliche Truppen die maurisch besetzte Stadt; der Legende nach unter tatkräftiger Mithilfe des rachsüchtigen Herrscherbruders. Dem nämlich hatte der lokale Potentat zuvor die Lieblingsfrau ausgespannt. Auf der anderen Gassenseite, gleich dem Kapellchen gegenüber, erinnert eine Tafel an das Leben der Juden auf Ibiza im Mittelalter. *Carrer de Sant Ciriac*

INSIDER TIPP ▶ CASA BRONER ● ☼
(U D4) (*m d4*)

Der aus München stammende Maler und Architekt Erwin Broner (1898–1971) galt als feste Größe in der Kunstszene der Insel. 1959/60 baute er in Sa Penya ein Gebäude über den Klippen zu seinem Wohnhaus und Atelier aus. Er verstand

---

MARCO POLO HIGHLIGHTS

★ **Dalt Vila**
In Gassen, auf Plätzen und Plattformen der Historie nachspüren und die Aussicht genießen → S. 36

★ **Necròpolis Púnica**
Die punischen Grabhöhlen geben tiefe Einblicke in die Inselgeschichte → S. 40

★ **Hafen**
Hier legen Yachten und Fähren an, hier liegen die Ausgehmeilen Sa Penya und Marina Botafoc → S. 38

★ **Museu d'Art Contemporani**
Das Museum für Zeitgenössische Kunst lohnt den Besuch → S. 40

★ **Pacha**
Für viele der Inbegriff des ibizenkischen Diskogeschehens, fasst bis zu 3000 Leute → S. 45

★ **Platja d'es Cavallet**
Dünen, Sand und Felsen an Ibizas erstem Nacktbadestrand → S. 48

★ **Platja d'es Codolar**
Beim Falkenkap gelegener Spot für den romantischen Sonnenuntergang → S. 48

★ **Platja de ses Salines**
Unter Kiefern hindurch an den Sandstrand am Salinen-Naturpark → S. 49

35

EIVISSA

sich darauf, die traditionelle ibizenkische Bauweise mit modernen Elementen zu kombinieren. Die erste Etage mit ihrer Fensterfront zum Meer war als Wohntrakt konzipiert, der untere Stock als Arbeitsbereich. Ein Rundgang durch das Haus gibt interessante Einblicke in die Architektur, und die Aussicht – vor allem von der Dachterrasse – ist traumhaft. *Travesía de Sa Penya 15 | Mai–Sept. Di–Fr 10–13.30, 17–20 (im Hochsommer mitunter 18–21), Okt.–April 16–18, ganzjährig Sa/So 10–13.30 Uhr | Eintritt frei*

CATEDRAL NOSTRA SENYORA DE LAS NEUS (U C5) (*c5*)

Kathedrale mit wehrhaft wirkendem Glockenturm und einer bis ins Mittelalter zurückreichenden Geschichte. Historiker vermuten, dass im Laufe der Zeit an selber Stelle bereits eine phönizische Kultstätte, ein römischer Tempel und eine Moschee der Mauren gestanden haben könnten. Dieses erste religiöse Gebäude, das die Katalanen auf der Insel erbauten, wurde im 14. Jh. in gotischem Stil errichtet und 1715–27 mit Barockelementen durchsetzt. Im Altarraum verehren die Gläubigen ein Bildnis der „Weißen Jungfrau" oder „Schneejungfrau" *(Nostra Senyora de las Neus)*. Warum der seltsame Name? Er gründet sich auf die Einnahme durch christlich-spanische Truppen im Jahre 1235 und den dem Eroberungstag (8. Aug.) am nächsten liegenden Mariengedenktag – das war der Tag der „Schneejungfrau" (5. Aug.), der noch heute feierlich begangen wird. Das Gotteshaus darf nur in angemessener Kleidung betreten werden. Der Kathedrale ist das *Diözesanmuseum (Museu Diocesà) (Zugang nur über die Kathedrale | über Winter meist geschl.)* angeschlossen, das Objekte sakraler Kunst präsentiert. Hervorzuheben sind die Bildtafeln aus dem *Retablo de las Almas* (16. Jh., mit geflügelten Teufelsfiguren), diverse Heiligenbilder, eine von Francesc Martí gefertigte gotische Monstranz aus vergoldetem Silber sowie typischer ibizenkischer Schmuck aus dem 18./19. Jh.

Um die hoch in Dalt Vila gelegene *Plaça de la Catedral*, den Freiplatz vor der Kathedrale, haben sich seit alters her weitere wichtige Gebäude gruppiert: das Kastell, der Bischofspalast, die Erlöserkapelle sowie die Universität als 1299 gegründeter Sitz der lokalen Gerichtsbarkeit und der Regierungsorgane (heute *Museu Arqueològic*). Am Aussichtspunkt des Platzes schweift der Blick über weite Teile der Stadt und die Hafenbucht. *Plaça de la Catedral | Öffnungszeiten der Kathedrale wechseln, Richtzeiten: Di–Sa 9.30–13.30, 17–20 Uhr, Messe So, Fei 10.30 Uhr*

DALT VILA ★ ● (U C–D5) (*c–d5*)

Eivissas historische Altstadt Dalt Vila wirkt wie ein riesiges Freilichtmuseum und zählt zum Unesco-Welterbe. Hier stimmen die Zutaten über nette Restaurants und Bars hinaus: Kanonenplateaus und Plätze, begehbare Tunnel, Aussichtspromenaden und verschlungene Gassen, wuchtige Türme und Stadtmauern aus mehreren Epochen, holpriges Pflaster, kalkweiße Fassaden mit Blumengehängen und wehender Wäsche, wildes Kabelgewirr, Dachgärten, manch abgewrackter Bau – all das gehört zu Dalt Vila wie eine Vielzahl wichtiger Gebäude, darunter das Rathaus und die Kathedrale. Die ringförmig um den Hügel angelegten Mauerverbünde gehen im Wesentlichen auf die zweite Hälfte des 16. Jhs. zurück, begonnen vom Baumeister Giovanni Batista Calvi und fortgesetzt von Jacobo Paleazzo alias Fratín. Im Mittelalter stach das maurische Kastell hervor, unter dem sich ein Mauergürtel mit einem Dutzend Türmen ausbreitete. Immer wieder stoßen Sie heutzutage beim Rundgang

EIVISSA/IBIZA-STADT

Mächtige Bollwerke schützen Eivissas Altstadt

auf hilfreiche Infotafeln. Dalt Vila ist für den Durchgangsverkehr gesperrt.
Der klassische Einstiegspunkt für Zu-Fuß-Entdecker liegt oberhalb der *Plaça de la Constitució*. Unter dem Wappenschild Philipps II. werden Sie von einem interessanten historischen Stadttor, dem *Portal de ses Taules*, geschluckt und erreichen bald den ersten stimmungsvollen Platz, auf dem es im Sommer so richtig brodelt: die *Plaça de Vila*. Dort liegt auch, etwas versteckt, der Zugang zum Museum für Zeitgenössische Kunst *(Museu d'Art Contemporani)*. Richtung Rathaus geht es später über die *Plaça des Amparats* hinauf, die davorliegenden ☼ Plattformen geben phantastische Blicke über Stadt und Hafen frei. Auf den höchsten Punkten thronen Kathedrale und Kastell, doch die wollen erst einmal erreicht sein. Unterschätzen Sie weder Höhenunterschied noch Ausdehnung des Viertels! Der südliche Mauerumlauf von Kathedrale und Kastell führt an den Bollwerken *Sant Jordi* und *Sant Jaume* vorbei hinab und erlaubt den Ausblick auf die Küste und ausgesprenkelte Felseninseln; am Wege liegen Reste von Befestigungsmauern aus der Maurenzeit. Die an der Ronda Calvi gelegenen Bollwerke *Sant Jaume* und *Sant Pere* sind als Minimuseen hergerichtet worden *(April–Sept. Di–Fr 10–14 und 17–20, im Hochsommer 18–21, sonst Di–Fr 10–16.30, Sa/So immer 10–14 Uhr)*. Der *Baluard de Sant Jaume* (s. „Mit Kindern unterwegs") ist interaktiv aufbereitet, der *Baluard de Sant Pere* fungiert gelegentlich als Rahmen für Konzerte.

Im Sommer ist Dalt Vila ein brodelnder Kessel, im Winter liegt vieles verlassen da. Ganzjährig leben etwa 750 Menschen in Dalt Vila, Junge und Alte, Ibicencos und Ausländer, die letzten verbliebenen Nonnen. Während der kühleren Jahreszeit schließen die meisten Läden und

EIVISSA

Bars, dann atmen die Besitzer tief durch, dann wird gestrichen und restauriert und Urlaub gemacht, dann nimmt Dalt Vila vorübergehend Dorfcharakter an – bis zum Beginn der nächsten Saison …

ESGLÉSIA DE SANT DOMÈNEC
(U D5) (M d5)

Um 1580 gelangte der Dominikanerorden auf die Insel, bald darauf setzten wärts eröffnet ein schöner ☼ Mauerumgang eine tolle Aussicht. *Carrer General Balanzat*

HAFEN ★ (U C–F 2–4) (M c–f 2–4)

Lebensader, Existenzberechtigung, Auffangbecken für Gott und die Welt – in Evissas weitläufigem Hafen läuft die ganze Palette vom Stapel, herrscht ein ständiges Ein und Aus von Container- und

Im Hafenviertel von Eivissa steht das Denkmal für die ibizenkischen Seefahrer

die Arbeiten zum Bau des Klosters und der Kirche ein (bis ins 17. Jh.). Im Zuge der Enteignung klerikaler Eigentümer 1835 verließen die Mönche die Anlage in Dalt Vila. Das Kloster wurde zum Rathaus, die kreuzgekrönte Dominikanerkirche hat sich als *Pfarrei San Pedro* erhalten. Im Innern Reste von Deckenfresken, Hauptretabel (17. Jh.) mit Darstellungen des San Vicente Ferrer und des Apostels Jakobus. In einer Kapelle ein sehr schönes Bildnis des gekreuzigten Christus, der *Santo Cristo del Cementerio*. Meer- Kreuzfahrtschiffen, Segel- und Fischerbooten, Fähren und flotten Motorflitzern. Im Süden legt der Port seine volle Breitseite an die historischen Fischer- und Seemannsviertel *La Marina* und *Sa Penya* (U C–D4) (M c–d4), heute Tummelplätze der sommerlichen Fungemeinde. An der Hauptfährstation *Estació Marítima* laufen die dicken Pötte aus Barcelona und València ein, gleich dahinter erhebt sich das *Monument a los Corsarios*. Das 1906–15 errichtete Korsarenmonument in Form eines Obelisken ruft die „Ruh-

EIVISSA/IBIZA-STADT

mestaten" der einheimischen Seebären ins Gedächtnis, die es – wie der berüchtigte Kapitän Antoni Riquer zu Beginn des 19. Jhs. – mit weitaus größeren Schiffen aufnahmen. Ein weiteres Monument im Kreuzungsbereich der Avinguda de Santa Eulària d'es Riu erinnert an die friedlicheren *Gent de la mar*, die "Leute des Meeres".

Der Westen der Hafens bleibt dem Terminal der Formentera-Schiffe, dem Nautikclub, der Fischermole und der Containerverladestation vorbehalten. An der Nordseite reihen sich die ☼ Sporthäfen *Eivissa Nova* und *Marina Botafoc* auf, die es zusammen auf rund tausend Liegeplätze bringen und herrliche Blicke hinüber nach Dalt Vila erlauben.

Die *Marina Botafoc* (U F2–3) (*f2–3*) gilt als Inbegriff der Exklusivität. In gepflegt-gekünsteltem Ambiente bündeln sich Edelboutiquen, Immobilienmakler und Bootsvermieter, Bars und Gourmetrestaurants. Hier zeigen sich gerne Stars und Sternchen, hier pflegt man das Sehen-und-Gesehen-Werden – nicht verpassen! Bootszubringer ab der Altstadtseite. Die *Platja de Talamanca* und die legendäre Disko *Pacha* sind nicht weit. Ein lohnender Spaziergang führt von der Marina am Botafoc-Leuchtturm vorbei zur Molenspitze an der Hafeneinfahrt.

MADINA YABISAH (U C5) (*c5*)

Dieses kleine Museum nahe der Kathedrale in Dalt Vila informiert über die Ausbreitung und die Errungenschaften der Mauren auf Ibiza. Ein Videofilm ist per Knopfdruck auch auf Deutsch wählbar. In das Gebäude des Museums, in dem vormals die Kurie untergebracht war, ist ein winziger Teil der historischen muselmanischen Stadtmauern integriert. Audiovisuelle Aufmachung, Schautafeln und Exponate animieren, tiefer in die Geschichte abzutauchen. Veranschaulicht werden die Überlagerungen von Puniern, Römern, Byzantinern und Mauren, die Dalt Vila im Laufe der Zeiten ihr Gepräge gaben. Unter den Muselmanen dienten die Befestigungsmauern von Eivissa als Wachposten im westlichen Mittelmeerraum. Ein wichtiger Stellenwert kam seinerzeit den Salinen und der Anlage von Bewässerungsgräben zu; angebaut wurden Oliven, Orangen, Reis. Es gab viele Märkte, Dalt Vila besaß eine große Moschee. *Carrer Major 2 | Juli/Aug. Di–Fr 10–14, 18–21, Sa/So 10–14, April–Juni und Sept. Di–Fr 10–14, 17–20, Sa/So 10–14, während des übrigen Jahres nur Di–Fr 10–16.30, Sa/So 10–14 Uhr*

LOW BUDG€T

▶ Samstags von 9 bzw. 10 bis 14 bzw. 15 Uhr (je nach Jahreszeit) wird nahe dem Flughafen ein großer Flohmarkt abgehalten: der *Rastro de Sant Jordi (Ctra. de l'Aeroport | Sant Jordi de ses Salines)*. Das Angebot reicht von Kleidern und Schuhen bis zu Obst und Gemüse.

▶ Kunst zum Nulltarif im *Museu Puget (Di–Fr 10–14, 17–20 [Okt.–April 16–18], Sa/So 10–13.30 Uhr | Carrer Sant Ciriac 16)*: In einem alten Adelshaus in Dalt Vila sind Gemälde und Aquarelle der ibizenkischen Maler Narcís Puguet Viñas (1874–1960) und Narcís Puguet Riquer (1916–83), Vater und Sohn, zu sehen.

▶ Nach der Ankunft am Flughafen muss man kein teures Taxi nehmen. Die häufig fahrenden Linienbusse kosten nur 3,20 Euro nach Ibiza-Stadt.

EIVISSA

MUSEU ARQUEOLÒGIC
(U C–D5) (c–d5)
Bei Redaktionsschluss war das Archäologische Museum bis auf unbestimmte Zeit geschlossen. Schade, denn die Sammlung macht eigentlich sehr anschaulich mit der Geschichte der Pityusen von der Prähistorie bis zum Mittelalter über einen Zeitraum von mehr als 3000 Jahren vertraut. *Plaça de la Catedral | www.maef.es*

MUSEU D'ART CONTEMPORANI ★ ●
(U C4) (c4)
Das Museum für Zeitgenössische Kunst ist eine Überraschung – und zwar eine positive! Trotz seiner Größe und Modernität versteckt sich der Block ein wenig am Rand von Dalt Vila und wurde in Räumlichkeiten eingerichtet, die Spaniens Bourbonenkönige im 18. Jh. als Kaserne mit bombensicheren unterirdischen Lagern anlegen ließen. Bei Erweiterungsbauten des Museums stieß man auf archäologische Reste, die heute im Untergeschoss unter Glas liegen. Im Erdgeschoss verteilt sich die ständige Sammlung auf zwei Gewölbesäle, u. a. mit Werken der „Künstlergruppe '59". Vertreten sind Künstler wie Erwin Broner (1898–1971), Will Faber (1901–87), Hans Laabs (1915–2004) und Katja Meirowsky (1920–2012). Die oberste Etage ist Wechselausstellungen vorbehalten. *Mai–Sept. Di–Fr 10–13.30 und 17–20 (sonst 16–18), Sa/So immer nur 10–13.30 Uhr | Ronda de Narcís Puget*

NECRÒPOLIS PÚNICA ★
(U A5) (a5)
Unterhalb des historischen Mühlenhügels *Puig des Molins,* auf dem zwischen dem 15. und dem 20. Jh. mehrere Windmühlen Getreide in Mehl verwandelten, liegen die Reste von Eivissas Nekropolis, jener Totenstadt, die im Altertum zunächst von den Phöniziern (ab 7. Jh. v. Chr.) und später von den Puniern (ab 5. Jh. v. Chr.) genutzt wurde. Man bestattete die Verblichenen tief im Boden in Felsenschächten und -kammern. Historiker schätzen die Gesamtzahl der Gräber in diesem hangwärts aufsteigenden Areal auf mehrere Tausend. Die über das Gelände verteilten Höhlenmünder

Grabstelle der Necròpolis Púnica am Puig des Molins

EIVISSA/IBIZA-STADT

sind wegen ihres fragilen Zustands nicht für Besucher zugänglich. Ausnahme bilden die „Maultier-Hypogäen", unterirdische Gewölbe, deren Wiederentdeckung auf ein in den Schacht eingebrochenes Maultier zurückgeht. Hier führen 15 Stufen steil abwärts in die Tiefen der Gruft, die sich in mehrere kleine Höhlen verästelt. In zwei verglasten Sarkophagen hat man Skelette drapiert. Anschaulicher könnte eine Reise zurück durch die Zeit kaum sein! Der Zugang zum historischen Friedhofsgelände führt durch das moderne ● Museum *(Museu Monogràfic)*, wo fünf Säle auf die Besucher warten. Sie sind nach Themen wie „Tod zur Zeit der Phönizier" und „Punische Bestattungen" geordnet, die Vitrinen hervorragend präsentiert und ausstaffiert. Unter den Exponaten stechen wertvolle Grabbeigaben wie Schmuck, Amulette und Keramikgefäße hervor. Zu beachten sind auch Totenmasken, Knochenschnitzereien und ein Sarkophag aus Blei. Taschen müssen vor dem Besuch im Museumsgebäude eingeschlossen werden, Blitzaufnahmen sind untersagt. **INSIDERTIPP** Sonntags ist der Eintritt frei. *April–Sept. Di–Sa 10–14 und 18.30–21, während des übrigen Jahres Di–Sa 9.30–15, So immer 10–14 Uhr | Via Romana 31 | www.maef.es*

PASSEIG DE VARA DE REY
(U B–C4) (*ɯ b–c4*)
Eivissas innerstädtische Promenade ist nach einem der berühmtesten Insulaner benannt: General Joaquín Vara de Rey, der 1898 beim Unabhängigkeitskampf um die spanische Kolonie Kuba sein Leben ließ. Ihm ist das Monument in der Mitte gewidmet, Bäume spenden Schatten, viele Fassaden tragen nett aufgemachte Glasvorbauten. Beiderseits des Boulevards konzentriert sich eine beliebte Einkehr- und Einkaufszone mit vielen Cafés, Restaurants, Läden und Boutiquen. Oft geben Märkte und Konzerte mit ihren Bühnen- und Standaufbauten dem Passeig de Vara de Rey ein besonderes Flair. Störend ist allerdings der an den Seiten entlangfließende rege Verkehr.

ESSEN & TRINKEN

CAFÉ MARIANO (U D4) (*ɯ d4*)
Beliebter Treff im Viertel La Marina, nicht nur für Kaffee und Cocktails geeignet. Es gibt verschiedene Tapasportionen. *Tgl., Okt.–Ostern geschl. | Tel. 9 71 31 02 24 | Carrer de Josep Verdera | €*

CA N'ALFREDO (U B–C4) (*ɯ b–c4*)
Traditionsrestaurant im Herzen der Stadt, das auch von den Einheimischen heiß geliebt wird. Ibizenkische Küche, eine sehr gute Adresse für **INSIDERTIPP** Paella und im Ofen zubereiteten Fisch. *So-Abend (nur außerhalb der Saison) und Mo geschl. | Passeig de Vara de Rey 16 | Tel. 9 71 31 11 274 | €€–€€€*

JACKPOT (U E1) (*ɯ e1*)
Tafelfreuden in Reinkultur, stilvolles Ambiente. Wolfsbarsch und Seeteufel lassen ebenso das Wasser im Mund zusammenlaufen wie Entrecôte. Das Restaurant ist entweder von der Promenade oder direkt vom *Ibiza Gran Hotel* her zugänglich. *So und Okt.–April geschl. | Passeig de Joan Carles I 17 | Tel. 9 71 80 68 06 | €€€*

INSIDERTIPP KE KAFÉ (U C4) (*ɯ c4*)
Freundliches Restaurant mit kleiner Außenterrasse und orientalischem Touch. Günstiges Mittagsmenü, das wöchentlich wechselt, abends ist das Menü teurer, sonst à la carte. Zu den Spezialitäten zählen knusprig gebratene Ente *(pato crujiente)* und Couscous mit dreierlei Fleisch. *Okt.–Juni So geschl., sonst tgl. | Carrer Bisbe Azara 5 | Tel. 9 71 19 40 04 | €–€€*

EIVISSA

INSIDER TIPP ▶ MIRADOR DE DALT VILA
(U D5) (*m d5*)
Die erstklassige Mittelmeerküche mit avantgardistischer Note hält auch höchsten Ansprüchen stand, Küchenchef ist Juan Manuel Tur. Das Restaurant ist dem gleichnamigen Hotel angegliedert. Aufmerksamer Service. *April–Okt. tgl., Nov.–März geschl. | Plaça d'Espanya 4 | Tel. 9 71 30 30 45 | www.hotelmiradoribiza.com | €€€*

SA CASOLA (U B4) (*m b4*)
Pizza und Pasta unter Holzbalken oder auf der Empore; hier wird solide Kost zu soliden Preisen geboten; auch Salate. Zentrale Lage in einer ruhigen Straße. Auch in der Nebensaison meist gut besucht. *Tgl. | Av. Bartomeu Vicent Ramón 15 | Tel. 9 71 31 32 53 | €*

INSIDER TIPP ▶ SAN JUAN (U C4) (*m c4*)
Gut und günstig. Dieses kleine Traditionsrestaurant überzeugt durch Geschmack, Portionsgrößen und Preisniveau. Einfache Einrichtung. Die kulinarische Bandbreite reicht von frittiertem Tintenfisch über Lamm bis zu Reis- und Nudelgerichten, die auch auf Vegetarier zugeschnitten sind. *So geschl. | Carrer Montgri 8 | Tel. 9 71 31 16 03 | €*

EINKAUFEN

Shoppingvictims sind in den frequentierten Zonen um den *Passeig de Vara de Rey*, die *Plaça del Parc* und die *Plaça de la Constitució* gut aufgehoben. Hier finden Sie Mode und originelle Geschenkartikel. Ebenfalls geschäftig zeigt sich die *Av. d'Isidor Macabich*, die sich am Parc de

Abends in der Altstadt: essen, shoppen, flanieren

EIVISSA/IBIZA-STADT

la Pau vorbei durch die Neustadt zieht. Nahe der Hafenlinie geht es um die Kirche *Sant Elm* (auch: *San Telmo*), im *Carrer Emili Pou*, im *Carrer de Mar* (extrem viele Shops) und insbesondere in dem bis zur Plaça de sa Riba verlaufenden *Carrer d'Enmig* betriebsam zu.

ANISETA (U C3) (📖 *c3*)
`INSIDER TIPP` Gute Likörauswahl zu vernünftigen Preisen, *Hierbas Ibicencas*, ibizenkische Weine und die typischen Dauerwürste. Nahe dem Fährableger nach Formentera. *Av. de Santa Eulària d'Es Riu 19*

`INSIDER TIPP` CONVENT DE SANT CRISTÒFOL (U C5) (📖 *c5*)
Klosterverkauf von süßen und salzigen Backwaren, hergestellt von den letzten Augustinerinnen, die in diesem Kloster in der Altstadt verblieben sind. Eine Treppe führt in den Verkaufsraum. Mo–Sa wechselnde Backspezialitäten. *Tgl. 10–15 und 16.30–18 Uhr (zwischenzeitlich sind kurze Schließungen wegen Gebetszeiten nicht auszuschließen) | Carrer de Sant Ciriac*

DIVINA MODA (U C4) (📖 *c4*)
„Göttliche Mode": Boutique mit attraktiven Adlib-Modellen im Herzen der Altstadt. *Plaça de Vila*

DORA HERBST (O) (📖 *O*)
Der exklusive Yachthafen ist genau das richtige Umfeld für Haute-Couture, Accessoires und Trend-Fashion der bekannten Designerin. *Marina Botafoc 315*

LLIBRERIA VARA DEL REY (U B4) (📖 *b4*)
Wer deutschsprachige Zeitungen und Magazine sucht, ist hier richtig. Die größte Auswahl weit und breit. *Passeig de Vara de Rey 24*

LUÍS FERRER (U C4) (📖 *c4*)
Ein Traum für Adlib-Fans beiderlei Geschlechts, auch Kindermodelle. Gute Auswahl, Leinen- und Baumwollmaterialien; alles wird auf Ibiza gefertigt. *Carrer San Telmo 6 | www.luisferreribiza.com*

MERCAT NOU (U A4) (📖 *a4*)
Lebhaftes Marktgeschehen mit reichhaltigen Angeboten an den Ständen. *Mo–Sa vormittags | Carrer de Catalunya*

S'ESPARDENYA (U C5) (📖 *c5*)
Hier gibt es spanische Sandalen und Sommerschuhe fernab der Massenproduktion. *Carrer Ignacio Riquer 1º*

SOMBRERÍA BONET (U C4) (📖 *c4*)
Wer Kopfbedeckungen sucht, ist in diesem Traditionsgeschäft richtig. Außer

EIVISSA

Hüten jedweder Art gibt es auch Korbwaren. *Ecke Carrer del Bisbe Azara/Carrer del Comte de Rosselló*

FREIZEIT & SPORT

Im Hafen starten ganzjährig Linienboote nach *Formentera*; die häufigen Hin- und Rückfahrverbindungen (pro Strecke dauert die Überfahrt je nach Schiffstyp 25–30 Min.) erlauben zumindest während der Sommersaison problemlos einen Tagesausflug auf die Nachbarinsel. Die Preise der Anbieter weichen untereinander ab, ein Vergleich spart Geld! An der Hafenausfahrt Eivissas bekommen Sie während der Fahrt einen vorzüglichen **INSIDER TIPP** Ausblick auf das uneinnehmbar scheinende Mauergeflecht von Dalt Vila – das erspart die Hafenrundfahrt! Im Hafen legen während der Saison auch Zubringerboote zu den Stränden *Platja de Talamanca* und *Platja d'en Bossa* ab; außerdem Fährverkehr hinüber zur *Marina Botafoc* sowie nach *Santa Eulària des Riu*.

AM ABEND

Im Sommer glüht Eivissa nach Einbruch der Dunkelheit weiter. Mitternacht halten viele genau für die richtige Zeit, um sich ins Nachtleben zu stürzen – doch dann bleiben, im Vergleich zu früher, nur noch wenige Stunden. Potenziellen Durchmachern haben die Behörden mit ihren offiziell verhängten Schließzeiten (um 3 Uhr die Bars, um 6 Uhr die Diskos) einen Riegel vorgeschoben, was schon für Schlagzeilen wie „Die Party ist aus" gesorgt hat. Nun, ganz so schlimm ist es nicht. Es ist noch genügend los!

Wer in den Bereich um die langgestreckte Gassenschneise des *Carrer de la Mare de Déu* (auch: *Calle de la Virgen*) eintaucht, weiß, was er sucht – dort konzentriert sich die Gayzone. Im Winter jedoch herrscht hier, wie auch sonst, tote Hose. Viele wichtige In-Adressen haben meist nur von April/Mai bis Oktober geöffnet. Ibizas größte Diskos dehnen sich bis Platja d'en Bossa *(Space)* und Sant Rafel *(Privilege, Amnesia)* aus.

TEURER DISKOSPASS

Für Diskofans gibt's nur eine Jahreszeit auf Ibiza: zwischen den *Opening Partys* (ab Ende Mai) und den *Closing Partys* (ab Ende Sept.). In dieser Zeit stehen die Events häufig unter einem besonderen Motto: von Erotik- und Überraschungsfiestas bis zu Schaum- und Wasserpartys für erhitzte Gemüter. Es kann vorkommen, dass die Tanzfläche geflutet wird. Der Aufwand hat seinen Preis und verschlingt einen gewichtigen Teil des Urlaubsbudgets. Die sündhaft teuren Diskoeintritte rangieren je nach Location, Wochentag und Event um die 50-Euro-Marke. Mitunter bekommt man mit einem auf den Straßen verteilten Flyer ein wenig Rabatt, aber achten Sie aufs Kleingedruckte! Auf Seiten wie *www.clubtickets.com* kann man ausgewählte Eintritte im Internet kaufen, z. T. auch direkt über die Webseiten der Diskos. Was die Strategien munterer Abzocke betrifft: Ein Bier kann durchaus 10, ein Wodka mit Zitrone 12 Euro kosten. Der Diskobus fährt im Sommer zu den wichtigsten Spots – zu akzeptablen Preisen. Noch günstiger wird's beim Kauf einer Mehrfachkarte *(www.discobus.es)*.

EIVISSA/IBIZA-STADT

Kinogänger finden die beste Auswahl in den etwas außerhalb gelegenen *Multicines Eivissa* (126 C5) *(E5)* in der Avinguda Es Cubells . Die Filme laufen meist synchronisiert auf Spanisch.

hen 500 Leute. Mit Gartenterrasse, auch Livemusik. *Passeig Joan Carles I | Marina Botafoc*

Gedränge wie auf dem Hauptbahnhof: Diskonacht im Pacha

CAPPUCCINO (126 C5) *(E5)*
Hier schwemmt der Yachthafen die internationale Schickeria ans Ufer, doch auch betuchte Landratten zeigen gerne, was sie haben, und fahren in Nobelkarossen vor. Dazwischen mischen sich auch Normalos zum kühlen Drink im großen Terrassenbereich – oder zu Sushi und zu Nachos. Wer in der Nähe lieber eine etwas einfachere Einkehr bevorzugt, geht ins *Barlovento*. *Ganzjährig geöffnet | Marina Botafoc 316*

KEEPER (126 E5) *(E5)*
Hier strömen Schickeria und Normalsterbliche zusammen. In die Disko ge-

MADAGASCAR (U C4) *(c4)*
Lassen Sie auf der Terrasse der Bar das bunte Leben an sich vorbeiziehen, und genießen Sie die Stimmung auf einem der schönsten Plätze der Insel. Sollte es hier gerade zu voll sein, haben Sie rundherum weiter reichlich Alternativen zur Auswahl. *Plaça del Parc*

PACHA ★ ● (U E1) *(e1)*
Ein Klassiker unter den Diskotheken Ibizas, schon in den Siebziger- und Achtzigerjahren tummelten sich hier die Berühmten, Reichen und/oder Schönen. Bis zu 3000 Leute können hier abtanzen. Faszinierende Licht- und Soundeffekte, internationale DJs, wilde Themenfiestas. *Im Winter nur Fr/Sa geöffnet | Av. 8 d'Agost 8 | www.pacha.com*

EIVISSA

INSIDER TIPP ▶ TEATRO PEREYRA
(U C4) (*c4*)
Im alten Theater in zentraler Lage gehen die unterschiedlichsten Konzerte ab. *Av. Bartomeu de Rosselló 3 | www.teatropereyra.com*

ÜBERNACHTEN

EL CORSARIO (U C5) (*c5*)
Altstadthotel zwischen Rathaus und Kathedrale, einst Wiege der Künstlergruppe „Ibiza 59". In diesem geschichtsträchtigen Hideaway haben sich im Lauf der Zeit schon viele Film- und Rockstars eingefunden. Schöne Blicke über die Ziegeldächer der Altstadt hinweg auf den Hafen. Mit Restaurant. *Mai–Okt. geöffnet. | 13 Zi. | Carrer Ponent 5 | Tel. 971301248 | www.elcorsario-ibiza.com | €€€*

IBIZA GRAN HOTEL (U E1) (*e1*)
Durchdesigntes Fünf-Sterne-Haus in strategisch günstiger Lage, konzipiert als Insel zwischen Altstadt und Marina Botafoc. Überall öffnen sich überraschende Ecken: ob die Hängematten am Pool, überdachte Sofaecken oder die Badewannen inmitten der Zimmer. Über alle Ebenen verteilen sich Kunstwerke. **INSIDER TIPP ▶ Das Frühstücksbüfett ist exzellent**, gut frühstücken kann man auf der Terrasse. ● Spa-Bereich gegen Gebühr, benutzbar auch für Nichtgäste: Für den gehobenen Preis öffnet sich ein 1300-m²-Areal mit Erlebnisduschen, Gegenstromanlage, Sauna, Hamam, Salzinhalation und Massagedüsen. *April–Okt. geöffnet | 157 Zi. | Passeig de Joan Carles I 17 | Tel. 971806806 | www.ibizagranhotel.com | €€€*

LA MARINA (U D4) (*d4*)
Zentrales Hostal, das zusammen mit den Pensionen *Los Caracoles, La Aduana* und *La Ebusitana* unter einer Leitung steht. Die Zimmer sind in unterschiedliche Preisklassen unterteilt, abhängig von Ausstattung und Aussicht. *Ganzjährig geöffnet | 26 Zi. | Carrer Barcelona 7 | Tel. 971310172 | www.hostal-lamarina.com | €–€€*

MIRADOR DE DALT VILA (U D5) (*d5*)
Dieses von April bis Oktober geöffnete Luxushotel liegt in der Altstadt gleich gegenüber dem Rathaus. Die unterschiedlich gestalteten Zimmer pflegen ihren Stil bis ins letzte Detail – ein Ambiente, das seinen Preis hat. *12 Zi. | Plaça d'Espanya 4 | Tel. 971303045 | www.hotelmiradoribiza.com | €€€*

PARQUE (U C4) (*c4*)
Der Hostalblock liegt mitten im Geschehen und hat die Altstadt und die Ausgehzonen direkt vor der Haustür. Die drei größeren und teureren Dachzimmer *(áticos)* verfügen jeweils über eine Terrasse. Im unteren Bereich beliebtes Terrassencafé. In der Nebensaison sinken die Zimmerpreise fast auf die Hälfte; in Mittel- und Hochsaison Mindestaufenthalt drei Nächte. *Ganzjährig geöffnet | 34 Zi. | Plaça del Parc 4 | Tel. 971301358 | www.hostalparque.com | €€*

AUSKUNFT

OFICINA D'INFORMACIÓ TURÍSTICA
– *Carrer Antoni Riquer 2* (U B4) (*b4*) *| Tel. 971191951 | www.ibiza.travel | www.eivissa.es*
– *Plaça de la Catedral* (U C5) (*c5*) *(Tel. 971399232);* hier werden **INSIDER TIPP ▶ Audioguides, auch auf Deutsch**, zur Erkundung der Altstadt verliehen – interessante Infos!
– *Ankunftshalle des Flughafens (nur in der Saison)* (126 B6) (*D5*) *| Tel. 971809118*

EIVISSA/IBIZA-STADT

ZIELE IN DER UMGEBUNG

FIGUERETES (126 C5) (*D–E5*)

Mit Eivissa verwachsener Vorort, der sich in mehrere kleine Strandabschnitte gliedert. Wasser- und Strandqualität fallen eher der B-Sortierung zu, sodass viele die nahe *Platja d'en Bossa* vorziehen. Nett aufgemacht ist jedoch die verkehrsfreie Promenade *(Passeig de les Pitiüses)*, die beidseits der Plaça de Julià Verdera abläuft. Blickbegleiter bleiben Dalt Vila und die Rückansicht von Eivissas „Mühlenhügel" *Puig des Molins. 2 km südwestlich von Eivissa, zu Fuß über Av. d'Espanya und Carrer País Basc*

PLATJA D'EN BOSSA
(126 C5/B6) (*D5*)

Musikbars oder Jetlärm vom nahen Flughafen – irgendwann bekommt man in Platja d'en Bossa sicher seine Dröhnung. Der weit auseinandergedriftete Ort wirft sich mancherorts mit unansehnlichen Hochhausblöcken auf und hält sich parallel zum längsten Strand der ganzen Insel. Die sandigen Weiten vereinen alle Altersstufen und Geschmäcker, mitunter in drangvoller sommerlicher Enge. Nahe dem südlichen Ende erhebt sich die *Torre d'es Carregador*, ein Wachturm aus dem 16. Jh., der weithin einzige Kulturkontrapunkt zum Beach- und Highlife.

Vor allem Pauschalurlauber beziehen in Platja d'en Bossa Quartier und nutzten die reichhaltigen Angebote. Sport und Aktivitäten rund ums Wasser stehen hoch im Kurs. In strandnaher Lage sind die *Apartamentos Bon Sol (April–Okt. geöffnet | Carrer Manuel de Falla 4 | Tel. 971300466 | www.apartamentosbonsol-ibiza.com | €€)* zu finden, die zusammen mit den nahen *Apartamentos Squash* aus 80 Einheiten bestehen. In beiden Anlagen zusammen gibt es drei kleine Pools. Im ganzjährig geöffneten Squash sind die Tarife in der Nebensaison sehr günstig.

Unter Palmen: Platja d'en Bossa

Buntes Treiben herrscht entlang der strandnahen *Av. de Pere Matutes Noguera*; hier pumpt man sich mit Bier und Burgern voll, locken Cocktails wie „Sex on the Beach". Diskokracher ist das *Space* (www.spaceibiza.com) mit Dutzenden renommierter DJs im Laufe der Saison. An die Spitze der Beliebtheitsskala ist das **INSIDER TIPP** *Ushuaia* (www.ushuaiabeachhotel.com) geschnellt, eigentlich ein Beachhotel, doch das sorgt

EIVISSA

mit seinen Programmen und DJs für einen heißen Warm-up mit Aussicht auf die noch längeren Nächte. *3 km südwestlich von Eivissa*

PLATJA D'ES CAVALLET ★
(126 B6) (*D6*)
Feinsandiges Aushängeschild des Südens, gut kombinierbar mit der Platja de ses Salines. Die Anfahrt führt durch das weitflächige Gebiet der Salinen und erlaubt den Blick zurück auf die Hügelkulisse des Inlands. Endpunkt ist ein großer Parkplatz, von dort geht's ran an die Dünen und ab an den Nacktbadestrand (mit Gaykolonie). Ein beliebter, saisonal betriebener Restauranttreff heißt ❄ *El Chiringuito* (€€), als Zugabe gibt's den schönen Blick hinüber zur Dalt Vila. Südwärts zieht sich der Strand an Felsplatten vorbei auf die Landspitze *Punta de ses Portes* zu – eine **INSIDER TIPP** lohnende Wanderung an der Küste entlang. Weithin sichtbar thront dort die *Torre de ses Portes*, ein Wachturm des 16./17. Jhs. *10 km südwestlich von Eivissa*

PLATJA D'ES CODOLAR ★ ●
(126 B6) (*D5–6*)
Staubig und rumpelig ist die Piste, die sich vom Zubringersträßchen Richtung Es Cavallet und Ses Salines recht unscheinbar rechter Hand löst und an den Salinen entlang bis zum Endpunkt, einem Parkplatz, führt. An den dicken Steinkloben mag sich mancher Badefreund vielleicht stoßen, doch das Wasser an der Platja d'es Codolar ist glasklar und das Ganze zur Sonnenuntergangszeit ein absoluter Top-Spot: wenn die Sonne in der Ferne hinter Ibizas westlichem Bergland langsam versinkt und dem benachbarten Falkenkap *(Cap d'es Falcó)* den An-

ZUKUNFTSMUSIK

Im oberen Altstadtbereich der Dalt Vila entsteht bis 2015/16 ein luxuriöses Parador-Hotel. Das Haus soll die historische Substanz und vorhandene Bauteile integrieren, darunter das Gouverneurspalais. Nach einem Wasserschaden steht die Wiedereröffnung des *Museu Arqueològic* in Dalt Vila, eigentlich ein Kultur-Highlight auf Ibiza, in den Sternen. Zur Sammlung zählen u. a. punische, römische und maurische Funde. Schon in Planung sind dagegen großspurige Investitionspläne der Fiesta-Hotelgruppe, die bis 2018 im Südteil von Platja d'en Bossa zu erheblichen Baumaßnahmen führen könnten.

EIVISSA/IBIZA-STADT

Die Platja de ses Salines erreicht man über einen gepflegten Holzsteg

strich eines glühend orange beleuchteten Schiffsbugs gibt. Wer sich den dazugehörigen Sundowner nicht selbst auf den Felsen mixen will, findet neben dem Parkplatz eine große Chill-out-Bar. *10 km südwestlich von Eivissa*

PLATJA DE SES SALINES ★
(126 B6) (*D6*)
Die nahen Salinen standen Namenspate bei Ibizas südlichstem Strand; an der Westseite der Bucht fällt der Blick auf die Salzverladeanlagen. Vom Großparkplatz aus führen Zugänge durch einen Kieferngürtel an den rund 1 km breiten Sandstrand heran – und der genießt einen hohen Beliebtheitsgrad! Hinter der Strandlinie reihen sich mehrere Restaurants auf. Wer lieber Kalorien verbrauchen statt zu sich nehmen will, wandert über Felsplatten und versteckte kleine Senken zur östlich angrenzenden Landspitze *Punta de ses Portes* mit ihrem historischen Wachturm. *Gut 10 km südwestlich von Eivissa*

PLATJA DE TALAMANCA
(126 C5) (*E5*)
Östlicher Hausstrand Eivissas, rasch zu erreichen ab der Marina Botafoc. Der tiefe, geschützte Buchteinschnitt verspricht ruhiges Wasser und steht deshalb bei Familien mit Kindern hoch im Kurs. Beliebter Treffpunkt ist das Strandrestaurant *Flotante (Mitte Dez.–Ende Jan. geschl., sonst tgl. | Carrer de Talamanca | Tel. 971190466 | €)*. Daneben bietet das ganzjährig geöffnete *Hostal Talamanca (45 Zi. | Carrer Talamanca | Tel. 971312463 | www.hostaltalamanca.com | €€–€€€)* eine (im Sommer recht teure) Übernachtungsmöglichkeit. Nahe dem *Flotante* erleichtern Holzstege den Streifzug am Sandband der Platja de Talamanca entlang. Später gehen die Planken in eine Promenade über. Hinter den Kiefernhainen, an den Steinplatten Richtung Cap Martinet, ist Ende Gelände. Zur Platja de Talamanca gibt es ab Hafen Eivissa im Sommer einen Bootszubringer *(sonst Anfahrt über die Av. 8 d'Agost)*.

Bild: Cala d'Hort

DER SÜDWESTEN

Im weiten Westen und Südwesten wechselt die Insel gleich mehrfach ihr Gesicht. Abseits der quirligen Sommer-Fun-Hochburg und Hafenstadt Sant Antoni de Portmany hat die Gegend vorwiegend ländlichen Charakter: Oliven- und Mandelbaumhaine, Weinfelder, weidende Schafe, kalkweiße Dorfkirchen, Höfe, freundliche Provinzbewohner.

Ebenso unterschiedlich zeigen sich die Küstenstriche in diesem Teil der Insel: mal sandig, mal zergliedert und von Klippen durchsetzt. Im Inland kratzt Ibizas höchste Erhebung, der Sa Talaia, mit ihren stolzen 475 m an den nur selten aufziehenden Wolken – Bergbezwinger erwarten auf dem Gipfel ein prächtiges Panorama und ein merklicher Temperaturunterschied. Im Hinterland gibt es idyllische Landhotels in restaurierten Fincas zu entdecken, die rustikalen Charme und Ruhe mit Komfort verbinden.

SANT ANTONI DE PORTMANY

(128 C3) (*C3–4*) **Geschäftige Hafenstadt und saisonales Spaßzentrum des weiten Westens, geografischer Gegenpol und gesunde Konkurrenz zur Ausgehmetropole Eivissa: Dies und noch viel mehr ist Sant Antoni de Portmany (20 000 Ew.), gelegen an einer weiten Bucht.**

Kontraste über Kontraste: Sandstrände, Klippen, der Bergriese Sa Talaia und das lebhafte Sant Antoni de Portmany

CITY WOHIN ZUERST?

Hafen: Starten Sie mit einem Streifzug am Passeig de ses Fonts und den Bootsliegeplätzen entlang, während ein Buchtspaziergang andere Perspektiven bietet. Ein Bummel durch die City führt durch die Straßen General Balanzat, Sant Mateu und Soledad. Für die Einkehr bieten sich der Passeig de la Mar bzw. abends das Westend an.

Die uniformen Betonblocks des einstigen Fischerdorfs drängen bis an den Hafen heran, der in vorchristlichen Zeiten bereits von punischen Seefahrern genutzt wurde, um ihre Schiffe mit Süßwasser zu beladen. Außerdem diente ihnen die Bucht zum Fang von Fisch, den sie vor Ort gleich einsalzten. Für ihre Fisch- und Ölvorräte stellten sie Amphoren aus Ton her, lebten in verstreuten Häusern, begruben unweit davon ihre Toten und könnten die im nahen Hinterland gelegene Höhle Santa Agnés als Sanktuari-

SANT ANTONI DE PORTMANY

um für ihre Fruchtbarkeitsgöttin Tanit genutzt haben. Zu römischen Zeiten war der Hafen als Portus Magnus bekannt; von hier aus führten die Römer Holz und Holzkohle aus.

SEHENSWERTES

AQUÀRIUM CAP BLANC

Die Meeresgrotte wird im Volksmund „Langustenhöhle" genannt, denn einst

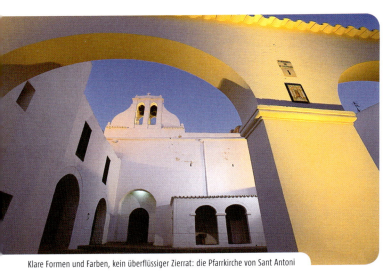

Klare Formen und Farben, kein überflüssiger Zierrat: die Pfarrkirche von Sant Antoni

Heute ist Sant Antoni de Portmany das Zentrum einer Großgemeinde, die 125 km² einnimmt, was über einem Fünftel der Fläche von ganz Ibiza entspricht. In und um Sant Antoni bieten zahllose Hotels, Gasthäuser und Appartementanlagen Unterkunft und lassen die Einwohnerzahl im Sommer auf ein Vielfaches ansteigen. Hauptpromenade ist der palmenbesetzte *Passeig de ses Fonts,* der am Rathaus vorbei auf die kuriose Skulptur „Ei des Kolumbus" auf der Kreisverkehrsinsel zuläuft. Zwischen Ende Oktober und Anfang Mai wird meist sonntags gegen 12 Uhr (manchmal auch im Sommer, dann aber ohne feste Termine) der traditionelle INSIDER TIPP Bauerntanz *Ball Pagès* auf dem Passeig de ses Fonts dargeboten.

nutzte man den Höhlensee als Aufbewahrungsbassin für Meeresgetier, das zum Verzehr bestimmt war. Heute präsentiert das kleine, preislich vielleicht ein wenig überzogene Aquarium in seinen Becken einige Fischarten, darunter den kleinen Grauen Glatthai, den Rochen, den Zackenbarsch und den Katzenhai, der bei anderer Gelegenheit auf dem Teller landet. Beim Betreten der Grotte heißt es „Achtung, Kopf einziehen!". In der windgeschützten Terrassenbar können Sie sich vorher oder nachher erfrischen. Das Aquarium ist der Endpunkt INSIDER TIPP eines schönen Spaziergangs auf dem Pfad über der Felsküste bzw. wird auch von Sant Antoni aus regelmäßig mit Booten angesteuert. Alleine der Ausblick auf den Buchteingang von Sant

DER SÜDWESTEN

Antoni und die umliegende Felsenküste lohnt den Abstecher. *Etwa Anfang Mai–Ende Okt. tgl. 10–20 (im Hochsommer mitunter bis 23) Uhr | Ctra. Cala Grassió | nordwestlich der Stadt*

COVA DE SANTA AGNÈS
Bei Redaktionsschluss war die Höhlenkirche, die den Namen der hl. Agnes trägt und erst 1907 wiederentdeckt wurde, bis auf Weiteres geschlossen. Schade, denn der Abstieg in die Steingewölbe zum Altar ist eigentlich interessant; in vorchristlichen Zeiten dürfte sich dort ein kultisches Zentrum befunden haben. Ob und wann die unterirdische Kapelle *(Capella subterrània)* wieder zugänglich ist, erfahren Sie im Tourismusbüro von Sant Antoni. *1,5 km nordöstlich von Sant Antoni, an der Straße nach Santa Agnès de Corona, Rechtsabzweig*

ESGLÉSIA DE SANT ANTONI
Der burgartige Kirchenbau mit weißer Fassade hat seine historischen Wurzeln im 14. Jh.; ausgebessert wurde bis Ende des 18. Jhs. Am Kirchenvorplatz, nahe der Ecke Carrer Ample, geht es durch Bogenvorbauten ins weit aufgerissene Innere hinein.

PUNTA DES MOLÍ
Südostteil der Bucht von Sant Antoni, an den die ansprechend aufgemachte Küstenpromenade anschließt. Wahrzeichen ist die zu Beginn des 19. Jhs. errichtete *Windmühle von Sa Punta (in der Sommersaison meist nur Di–Sa 17–20 Uhr, außerhalb sehr unregelmäßig),* die als Rahmen für gelegentliche Ausstellungen dient. Von denen wiederum hängen die Zugangszeiten ab. Auf der Freiluftbühne werden in der Saison vereinzelt Shows gezeigt.

SES VARIADES
Dieser felsige Küstenabschnitt im Westteil von Sant Antoni ist nicht nur über Tag einen Abstecher wert. Hier finden Sie den besten Spot für den Sonnenuntergang,

---

MARCO POLO HIGHLIGHTS

⭐ **Westend**
Fun, Fun, Fun im legendären Kneipenviertel von Sant Antoni de Portmany → S. 56

⭐ **Cala Bassa**
Populäre Sandbucht, begrenzt von schützenden Felsmassiven
→ S. 58

⭐ **Santa Agnès de Corona**
Dorfcharakter mit kalkweißer Kirche und der Terrassenbar C'an Cosmi
→ S. 59

⭐ **Sant Mateu d'Albarca**
Weinreben, Mandeln und Schafe: Hier geht das Leben noch seinen ruhigen ländlichen Gang → S. 59

⭐ **Cala d'Hort**
Traumhafte Aussicht auf das geheimnisvolle Inseldoppel Es Vedranell und Es Vedrà
→ S. 62

⭐ **Sa Caleta**
Imposante Felsenküste mit rotbraunen Klippen über der Bucht voller Bootsschuppen der Fischer → S. 63

⭐ **Sa Talaia**
Der Berg ruft: Ibizas Aussichtsthron Nr. 1 ist auf mehrere Arten bezwingbar – am zünftigsten natürlich zu Fuß
→ S. 64

⭐ **Privilege**
Megadisko für über 10 000 tanzfreudige Nachtschwärmer; hier gibt's gigantische Partys
→ S. 65

SANT ANTONI DE PORTMANY

wovon das legendäre *Café del Mar* und andere Lokale während der Saison profitieren. Benannt ist die Zone nach der kleinen Landspitze *(Punta) Ses Variades*.

ESSEN & TRINKEN

GERMA
Einheimischenrestaurant abseits vom Zentrum. Hier gibt's ein günstiges Mittagsmenü, Tischwein inklusive; beliebt ist die **INSIDER TIPP** Paella am Sonntag. *Juli/Aug. So abends geschl., sonst tgl. | Carrer Ramón y Cajal 42 | Tel. 9 71 34 02 70 | €*

ES REBOST DE CAN PRATS
Rustikale Gemütlichkeit. Spezialitäten: Tintenfisch, Bauernsalat, „Schlachtreis" *(arròs de matances)* und Kabeljau mit Alioli. *Di geschl. | Carrer de Cervantes 4/Ecke Carrer Ample | Tel. 9 71 34 62 52 | €–€€*

RITA'S CANTINA
Hier stärken Sie sich mit kleinen Mahlzeiten. Nahe dem Sporthafen, mit Außenplätzen. Beliebt für den kleinen Hunger oder auch einen Drink zwischendurch. Meist flotter Service. *Tgl. | Passeig de la Mar | Tel. 9 71 34 33 87 | €*

INSIDER TIPP SA CAPELLA
Anspruchsvollen Ibizenkern gilt es als schönstes Restaurant der Insel. Den Rahmen bildet eine alte, renovierte Kapelle, die allerdings nie als solche geweiht wurde. Zwischen Natursteinwänden und unter dem hohen Tonnengewölbe werden Spitzengerichte, u. a. Spanferkel und Steak Tartare, aufgetischt. *Mitte April–Ende Okt. tgl., nur abends | bei der Cova de Santa Agnès, ca. 1,5 km nordöstl. von Sant Antoni (ausgeschilderter Abzweig an der Straße nach Santa Agnès) | Tel. 9 71 34 00 57 | €€€*

EINKAUFEN

Die beliebtesten und besten Geschäftsstraßen sind Carrer Sant Mateu, Ample, Soletat, Sant Antoni und General Balanzat. Hier findet man von allem etwas, u. a. Boutiquen und Schuhe.

MERCADILLOS
Kunsthandwerkliche Arbeiten und ein buntes Allerlei werden immer wieder in bescheidenem Rahmen an der Hafenpromenade feilgeboten. *Wechselnde Zeiten (Infos im Fremdenverkehrsbüro)*

MERCAT DES CLOT MARÈS
Markthalle mit Angebot an Fisch und Fleisch, Obst, Käse, Gemüse. Die Cafeteria lädt zu einer Rast. *An Werktagen vormittags | Carrer del Progrés*

LOW BUDG€T

▶ Gut geeignet für eine Frühstückspause oder den günstigen Einkauf von Gebäck im Ortskern von Sant Josep de sa Talaia: *Sa Talaia (Carrer Sa Talaia 3),* eine Mischung aus Café und Bäckerei. Für belegte Brote, Tapas und einen Drink ebenfalls eine verlässliche Adresse in Sant Josep: die nahe der Kirche gelegene kleine Cafetería *Can Llorenç* (tgl. *| Carrer Can Pou 2 | Tel. 9 71 80 16 01).*

▶ Angesichts des Hochpreisniveaus der kommerziellen Sonnenuntergangsplätze in Sant Antoni *(Café del Mar)* lässt sich die Abendstimmung rund um die Promenade ebensogut mit Mitgebrachtem genießen. Im Küstenbereich Ses Variades stehen viele schöne Felsenplätzchen zur Auswahl.

DER SÜDWESTEN

STRÄNDE

Westlich bzw. südwestlich von Sant Antoni schließt sich ein recht zugebauter Küstenstreifen mit vielen felsigen Abschnitten an; ganz passabel hingegen ist der etwa 150 m breite Sandstrand *Port d'es Torrent* an einer geschützten Bucht. Auf alle Fälle lohnenswerter ist die Fahrt zur *Cala Bassa* (siehe „Ziele in der Umgebung"). Im nordwestlichen Stadtgebiet Sant Antonis erreichen Sie den Strand *Cala des Moró*, ein winziges Sandstrandareal für Minimalisten. Etwas größer ist die *Cala Gracio* mit einem akzeptablen Sandstrand, attraktiver die kleinere *Cala Gracioneta* dort finden Sie eine geschützte kleine Bucht mit Sand und Felsen (schlecht beschildert). Zur *Cala Salada* führt ein beschilderter Abzweig an der Straße Richtung Santa Agnès. Dort erwartet Sie eine freundliche Bucht mit schmalem Sandstrandstreifen (teils kieselig, dafür gefahrloser Wassereinstieg). Während der Hochsaison dürfen Sie hier nicht auf Abgeschiedenheit hoffen.

Die Cala Salada dient als Ausgangspunkt zu einer (nicht unbeschwerlichen!) Wanderung, die Sie nordwärts Richtung Cap Nuno an die *Cova de les Fontenelles,* auch „Weinhöhle" *(Cova des Vi)* genannt, führt. Zugänglich ist die Grotte allerdings nicht. Die Cala Salada selber ist Ziel einer ca. 12 km langen Wanderung ab Sant Antoni. Stationen unterwegs sind *Cala Gracio, Cala Gracioneta, Punta de sa Galera* und *Cala Yoga*. Die Marschzeit beträgt etwa 3 bis 3,5 Stunden.

FREIZEIT & SPORT

Im Hafen werden in der Sommersaison Touren in Glasbodenbooten angeboten, weitere Schiffstrips führen an der Küste entlang bis zur Cala Bassa und der Cala Comte. Am Abend macht man sich auf zum *Sunset Cruise*. Eine weitere gute Ausflugoption: Formentera, morgens hin, abends zurück. Am Busbahnhof (Carrer Londres) geht der *Mini Tren Turístico* (s. „Mit Kindern unterwegs") auf Tour.

Felsenküste an der Cala Salada

Nahe Sant Antoni gibt es *Karting San Antonio (im Sommer tgl., sonst meist nur an den Wochenenden | Ctra. Eivissa–Sant Antoni de Portmany, km 14 | Tel. 971343805).*

Für Biker ist Sant Antoni eine gute Ausgangsstation, zumal es **INSIDER TIPP** das ganze Jahr über Radverleih bei *Ibiza Sport (C/ Soletat 32 | Tel. 971348949 | www.ibizasport.com)* gibt. Überdies werden dort begleitete Tagestouren mit unterschiedlichen Zielen angeboten (Guides sprechen Span., Engl., Franz.). Vorschlag für eine Unternehmung in Ei-

55

SANT ANTONI DE PORTMANY

genregie: Südlich der Bucht führt eine einfache Tour Richtung Westen über Port des Torrent bis zur Platja de Comte; auf dem Hin- oder Rückweg lässt sich ein Schlenker zum Naturbecken der Cala Bassa einlegen. Südostwärts ins Landesinnere geht eine zweite Tour über den „Alten Weg" *(Camí Vell)* nach Sant Rafel, südlich eine knapp 20 km lange Rundstrecke über Sa Capelleta d'en Serra und Sant Josep.

AM ABEND

Nach den Sonnenuntergangspartys am Meer liegt das Epizentrum des Nachtlebens im überschaubaren ★ *Westend* um den Carrer de Santa Agnès, Carrer de Cristòfol Colom, Carrer de Bartomeu Vicent Ramon und Carrer de la Mar. Überall strömen more or less trinkfeste Gäste von der britischen Insel zusammen, die im Sommer hier ihre Frühlingsgefühle ausleben. Auch die Jugend anderer Länder schwärmt aus – ohne die Megapreise in den Megadiskos rund um Eivissa bezahlen zu müssen. Das Westend Sant Antonis reklamiert gleich zwei Superlative für sich, halb Wahrheit, halb Legende: den höchsten Lärmpegel und Ibizas größte Kneipendichte pro Quadratkilometer. Die Dezibel ebben am Passeig de ses Fonts, am Passeig de la Mar und am Passeig Marítim etwas ab. Auch hier finden Sie gute Treffs. Bedenken Sie, dass die wichtigsten In-Adressen nur von etwa Mai bis Oktober geöffnet sind.

CAFÉ DEL MAR ● ☼
Traditionsadresse zur Sonnenuntergangszeit, Party mit Blick auf die im Meer versinkende Kugel: für die eingeschworene Fan- und Fungemeinde ein Muss! DJs sorgen für Stimmung, das Café hat eine Vielzahl eigener CDs herausgebracht. Hier wurde in den Achtzigerjahren ein eigenes Musikgenre geboren. Die Promenade zieht sich zwischen Haupttrakt und Terrassen hindurch; etwas dahinter versetzt gibt es den eigenen Großverkaufsshop. *Im Winter geschl. | Carrer de Lepant 4/nahe Carrer de Vara de Rey*

CAFÉ MAMBO
Alternative oder Ergänzung zum *Café del Mar.* Bunte Programme, reichlich Cocktails und Musik. *Carrer de Lepant | www. cafemamboibiza.com*

EDÉN
Disko mit einem Riesenprogramm in der Regel zwischen Ende Mai und Ende September, DJs, Fiestas. *Carrer Salvador Espriu | www.edenibiza.com*

ES PARADIS TERRENAL
Disko, bekannt wegen ihrer Wasserpartys. Opening Party meist Ende Mai. *Carrer Salvador Espriu 2 | www.esparadis.com*

DER SÜDWESTEN

Ein Klassiker für den Drink zum Sonnenuntergang ist das Café del Mar in Sant Antoni

VILLA MERCEDES
Verschiedene Zonen, etwas erhöht nahe dem Sporthafen: Restaurant, Livemusik, Cocktailbar, Chill-out-Bereich. *Passeig de la Mar | www.villamercedesibiza.com*

ÜBERNACHTEN

APARTAMENTOS PONIENTE PLAYA
Apartments z. T. mit Meerblick mit ein oder zwei Zimmern (für bis zu 6 Pers.), klimatisiert, mit Bad und Küche, inkl. Mikrowelle. Strategisch günstige Lage; man braucht kein Auto. Mit Pool. *Ende März–Ende Okt. | 56 Ap. | Carrer Velázquez 8 | Tel. 9 71 34 07 10 | www.ponienteplaya.com | €€, in der Nebensaison €*

ES MITJORN
Ruhebedürftig darf man während der Hauptsaison nicht sein, denn dieses kleine Hotel steckt mitten im Leben, kaum 150 m vom Sporthafen entfernt. Mit Pool. *Ende März–Ende Okt. | 18 Zi. | Tel. 9 71 34 09 02 | Mateu Gasull 2 | www.esmitjorn.com | €€*

FIESTA HOTEL PALMYRA
Typisches Urlaubshotel im lebhaften Südteil Sant Antonis, das sich selbst ausdrücklich nicht für Familien mit Kindern empfiehlt. Lage zur Bucht hin, hohes Preisniveau. *Mai–Okt. | 166 Zi. | Av. Doctor Fleming 18 | Tel. 9 71 34 03 54 | www.palladiumhotelgroup.com | €€€*

FLORENCIO
Zimmer mit Bad, auch Dreierzimmer. Pool, Solarium, Bar. Wegen der für die Hochsaison recht akzeptablen Preise viel junges Publikum; günstige Tarife außerhalb Juli/Aug. *90 Zi. | Nov.–April geschl. | Carrer Soletat 38 | Tel. 9 71 34 07 23 | www.hostalflorencio.com | €*

IBIZA HOUSE ROCKS AT PIKE'S
Moderner Klassiker, der schon Julio Iglesias und Grace Jones beherbergte. Geor-

SANT ANTONI DE PORTMANY

ge Michael nahm einst ein Musikvideo am Pool auf, Freddie Mercury mietete das Haus für ein Geburtstagsfest. Origineller Stil in einer abgelegenen Finca, jedes Zimmer ein Unikat. In der Sommersaison absolutes Hochpreisniveau. *Mai–Okt. | 25 Zi. | Camí de Sa Vorera | Tel. 971342222 | www.ibizarocks.com | €€€*

LA TORRE
Genau das Richtige für alle, die ein etwas abseits gelegenes Quartier suchen. Zimmerpreise inklusive Frühstück. *März–Dez. | 18 Zi. | Urbanización Cap Negret 25 | etwa 3 km außerhalb Richtung Cap Negret gelegen, Zufahrt über ein unscheinbares Sträßchen | Tel. 971342271 | www.hostallatorre.com | €–€€*

AUSKUNFT

OFICINA D'INFORMACIÓ TURÍSTICA
Passeig de ses Fonts 16 | Tel. 971343363 | www.santantoni.net

ZIELE IN DER UMGEBUNG

CALA D'ALBARCA (129 D1) (*D2*)
Lust auf spektakuläre Aussichten? Wer ein raues Küstenpanorama genießen will, fährt nach Sant Mateu d'Albarca und folgt im Ortskern den Schildern nach Cala d'Albarca (zweite Schreibweise: Aubarca). Hier geht es zunächst 1,8 km zu einem Landsträßchen nordwärts, dann Rechtsabzweig auf eine Piste und weitere 1,3 km bis zu einem winzigen Waldparkplatz. Der Weg bergab ist für Fahrzeuge nicht mehr passierbar und reizt zu einer schönen Wanderung, die Sie nach etwa 30 Minuten zwischen Kiefern hindurch an die Cala d'Albarca hinabführt. Immer wieder erhaschen Sie Blicke auf die Steilküste; die Bucht liegt wie ein riesiges Amphitheater da. Der Weg ist staubig und steinig, gegen Ende knickt er vor einem Zwischenplateau unscheinbar links ab und führt dann steil ans Felsenufer hinab. Bringen Sie einen Tagesrucksack mit Wasser und ein kleines Picknick mit. Die Panoramen und Kontraste mit dem Grün der Kiefern und dem Blau des Meeres lohnen aber die Mühen! *17 km nordöstlich von Sant Antoni*

CALA BASSA ★ (128 B3) (*B4*)
Topbucht mit einem entsprechend hohen Beliebtheitsgrad unter Familien und Jugendlichen, zumal sich in der Nähe der *Campingplatz Cala Bassa (Ostern–Ende Sept. | 400 Plätze | Tel. 971344599 | www.campingcalabassa.com)* befindet. Gut für Sparfüchse ohne eigenes Zelt: die fest installierten Mobil-Homes und Bengali-Zelte für mehrere Leute.

Das geschwungene Sandareal der Cala Bassa wird von Felsmassiven geschützt, der Blick schweift weit übers Meer und bis hin zu den Häuserfronten von Sant Antoni; die geschützte Lage hat ein echtes Naturschwimmbad hervorgebracht. Ein wenig versetzt hinter dem etwa 250 m langen Hauptstrand finden Sie unter Kiefern und Wacholder sogar Schatten – keine Selbstverständlichkeit an den Inselstränden! Drinks in den Strandbars, am Ende der Zufahrt gebührenpflichtiger Großparkplatz. *8 km südwestlich von Sant Antoni*

PLATJES DE COMTE
(128 B3) (*B4*)
Rau, aber herzlich zeigt sich die zerklüftete Küste zwischen den Landspitzen *S'Embarcador* und *Sa Torre*. Kleine, sandige Strandflächen laden zum Bad ein; an stürmischen Tagen beschränkt man sich besser auf die Aussicht – die schroffen Inseln *Es Bosc* und *Sa Conillera* liegen zum Greifen nah. Auf dem Festland, an der Punta de sa Torre, ragt mit der *Torre d'en Rovira (auch Torre de Comte)* aus

DER SÜDWESTEN

dem 18. Jh. ein historischer Wachturm auf. *14 km westlich von Sant Antoni*

SANTA AGNÈS DE CORONA ★
(126 A–B2) (*C2*)
Eingefasst von Mandelbaumweiten, treibt Santa Agnès de Corona (300 Ew.) auf seiner landwirtschaftlich bestimmten Scholle durch die Zeiten. Der Dorfkern erstreckt sich über einige wenige Straßen, Kirche und Bar liegen dicht an dicht. Ein nahezu himmlischer Frieden, der während der Hauptreisezeit mehrfach sowie jedes Jahr am 21. Januar zu Ehren der lokalen Schutzpatronin, der hl. Agnes, aufbricht. Auf Pferdekarren fährt dann die Tanzgruppe auf dem Kirchplatz vor, Musiker ziehen unter klappernden Kastagnetten ins Gotteshaus ein, der Prozessionszug trägt Standbilder durch den Ort. *C'an Cosmi (Di geschl., Nov.–Mai nur Mittagstisch | Tel. 9 71 80 50 20 | €)*, die Terrassenbar gegenüber der Kirche, ist ein Klassiker. Hier bekommen Sie einfache Hausmannskost, Kinder- und Tellergerichte. Der Renner ist das **INSIDER TIPP** *Spezialomelett nach Art des Hauses*. Als erstklassige Unterkunft bietet sich das nahe, ganzjährig geöffnete Landhotel *Can Pujolet (10 Zi. | Anfahrt auf der Straße Santa Agnès–Sant Mateu, ausgeschilderter, aber leicht zu übersehender Linksabzweig, Piste bis zum Ende | Tel. 9 71 80 51 70 | www.canpujolet.com | €€€)* an, ein Paradies für Naturfans und Ruhe Suchende, eingefasst in ein riesiges Fincagelände. Von hier führen Wan-

Olivenbäume im Umland von Santa Agnès de Corona

derpfade ins Gebirge rund um den Gipfel *Es Camp Vell*, ebenso gut lässt es sich am Pool faulenzen. Geschmackvoll ausstaffierte Zimmer und Suiten, Klimaanlage bzw. Heizung gehören zum Standard. *9 km nordöstl. von Sant Antoni*

SANT MATEU D'ALBARCA ★
(126 B2) (*D2–3*)
Hier gedeihen Mandelbäume und Weinreben: Ein fruchtbares Fleckchen Erde

59

SANT JOSEP DE SA TALAIA

(128 C4) (C4–5) **Eine Hauptstraße, einige Läden und Cafébars, eine kleine Kirche, ein paar nette Winkel – auf diese Komposition reduziert sich das Ortsbild von Sant Josep de sa Talaia, Dreh- und Angelpunkt einer Großgemeinde von immerhin 20 000 Menschen.**

In und um Sant Josep de sa Talaia selbst wohnt allenfalls ein Zehntel davon, abhängig von der Jahreszeit. Viele Ausländer haben sich in den umliegenden Hügeln der Gegend mit Erst- und Zweitwohnsitzen eingekauft. An der Ortsdurchgangsstraße Carrer Pere Escanellas bummeln Sie an der schmucklosen Wehrkirche aus dem 18. Jh., auf der gegenüberliegenden Seite am Rathaus vorbei. Seinen Namenszusatz verdankt Sant Josep dem benachbarten Sa Talaia, dem höchsten Berg der Insel.

ist dieses Talbecken von Sant Mateu d'Albarca (300 Ew.), das geologischen Studien zufolge einst mit einem Binnensee gefüllt war. Heute ist der ausladende Kessel mit verstreuten Anwesen besprenkelt, der Hauptort, der auch nur aus ein paar Häusern besteht, vereint alles Notwendige: einen Sportplatz, einen Friedhof und die weiße Kirche aus dem 18. Jh. Das freundlich geführte Restaurant *Can Cires (Juni–Sept. tgl., sonst Di geschl. | Tel. 971 80 55 51 | €–€€)* liegt nur ein paar Gehminuten von der Kirche entfernt und tischt wochentags ein günstiges Mittagsmenü auf; auch sonst ist das Preis-Leistungs-Verhältnis sehr gut.

Versteckt am Rande des Beckens, pflegt das ● ☺ **INSIDERTIPP** *Weingut Sa Cova (Straße nach Santa Agnès, dann nach Cala d'Albarca | Mai–Okt. Mo–Sa 10–14 Uhr, sonst auf Anfrage | Tel. 971 18 70 46 | www.sacovaibiza.com)* seine recht junge Anbautradition und profitiert von den tonhaltigen Böden. Hier tankt man sich zu einem Familienbetrieb vor, der jährlich 25 000 bis 30 000 Flaschen produziert. Die Erzeugnisse sind strengen Qualitätskontrollen unterworfen. Die Weißweine (Malvasia und Moscatel) kommen frisch und fruchtig, die Rotweine (Tempranillo, Merlot und Syrah) sanft, ein wenig erdig und mit einem Anflug von roten Beeren daher – keine hochklassigen, aber ehrliche Weine. Das gilt auch für die Rosés (Rebsorte Monastrell). Auf diesem Gut, das Juan Bonet aufgebaut und inzwischen in die Hände seiner Tochter Sara und seines Schwiegersohns Eugenio gelegt hat, werden die Tropfen direkt verkauft. Bei einer Weinprobe *(11 Euro)* kostet man drei oder vier Weine und bekommt etwas Käse und Brot oder Salzkekse dazu. Die Bodega liegt 2 km nordwestlich von Sant Mateu und ist ausgeschildert. *14 km nordöstlich von Sant Antoni*

DER SÜDWESTEN

SEHENSWERTES

ESGLÉSIA DE SANT JOSEP
Im Ortskern gelegene Kirche (18. Jh.) mit Sonnenuhr, Glockenaufsatz und leuchtend weißem Arkadenvorbau. Im Innern fällt der Blick auf die hölzerne Kanzel und ein Bildnis des hl. Josef.

ESSEN & TRINKEN

DESTINO
Im Herzen des Ortes beliebte Anlaufstelle für Häppchen jedweder Art, freitags ist Couscous-Tag. *So geschl. | Carrer Sa Talaia 15 | Tel. 9 71 80 03 41 | €–€€*

KM 5
Exklusive Adresse zwischen Eivissa und Sant Josep. Im Restaurant hausgemachte Pasta, Steaks vom Grill. Außerdem Sushi- und Kaviarbar, Lounge Garden, gelegentlich Events. *Tgl. 20–4 Uhr, Mitte Okt.–Ende April geschl. | Tel. 9 71 39 63 49 | www.km5-lounge.com | €€€*

RACO VERD
Die Mischung aus Café und Music Bar ist während der Saison der bunteste Treffpunkt in Sant Josep. Es gibt Tapas, warme Gerichte, Salate. Gute Auswahl an Cocktails; hin und wieder Livekonzerte jedweder Art. *An der Durchgangsstr. | Tel. 9 71 80 02 67 | www.racoverdibiza.es | €*

ÜBERNACHTEN

JARDINS DE PALERM
Idyllisches Luxushotel, eingerichtet in einer jahrhundertealten Finca. Zwei Pools und exotische Gartenanlagen sorgen für Wohlbefinden. Hier führt auch der Weg auf den Berg Sa Talaia vorbei. *Mitte April–Anfang Nov. | 9 Zi. | Can Pujol d'en Cardona 34 | Tel. 9 71 80 03 18 | www.jardinsdepalerm.com | €€€*

INSIDER TIPP VICTORIA
Komfortables Vier-Sterne-Hotel abseits der touristischen Hauptpfade (April–Mitte Okt. geöffnet). Schöne Lage im Hin-

Weinfässer im Keller der Bodega Sa Cova bei Sant Mateu

SANT JOSEP DE SA TALAIA

terland mit herrlichen Ausblicken auf Kiefernhänge und Meer, ideal für Naturliebhaber. Zur Wahl stehen Zimmer, Suiten und gut ausgestattete Apartments mit Küche. Mit Pool und Restaurant, in dem bevorzugt Bio-Produkte verarbeitet werden. Relaxbereich mit Spa, auch Massagen werden angeboten. Ausgeschilderter Abzweig ab der Hauptstraße Sant Josep–Sant Antoni (3,2 km), später ein Stück über die Piste. *17 Zi. | Ctra. Sant Agustí–Cala Tarida, km 3 | Tel. 971340900 | www.victoriaibiza.com | €€–€€€*

AUSKUNFT

OFICINA TURISME SANT JOSEP DE SA TALAIA
Mai–Okt. | Plaça Església | Tel. 971 800125 | www.santjosep.biz

ZIELE IN DER UMGEBUNG

CALA D'HORT ★
(128 B4–5) (*B5*)
Ein kurzes, starkes Gefälle lässt Sie auf dem letzten Stück der Straße regelrecht an die Cala d'Hort hinabstürzen. An Parkraum herrscht jedoch Mangel, auch die die Restaurantplätze sind heiß begehrt. Der steinige Strand selbst ist nicht ganz so reizvoll, erlaubt aber ein gutes Bad. Allerdings kann es zu Anspülungen von Quallen kommen. Der eigentliche Reiz liegt im nicht zu überbietenden Ausblick, vor allem bei Sonnenuntergang, auf die legendären unbewohnten „Dracheninseln" *Es Vedranell* und *Es Vedrà*. Insbesondere von Es Vedrà soll eine magische Kraft ausgehen. Ab Sant Antoni nehmen gelegentlich Ausflugsboote Kurs auf das 382 m hohe Zaubereiland, von

Cala d'Hort: Die Inseln Es Vedranell und Es Vedrà leuchten in der Abendsonne

DER SÜDWESTEN

dem eine Legende besagt, dass dort einmal ein Riese hauste. Einmal brachte er zwei Brüder in seine Gewalt, die auf Rat einer Heilerin auf die Insel gekommen waren, um für ihren erkrankten Vater Meerfenchel zu holen. Einen der Männer hielt der Gigant gefangen, den anderen zwang er, täglich riesige Mengen an Tintenfisch herbeizuschaffen, um seinen Appetit zu stillen. Falls nicht, würde er den Bruder verspeisen. Da ersann der Fischfänger eines Tages eine List: Er versteckte Seeigel in den Tintenfischen. Als sich der Riese nach dem Mahl in Bauchkrämpfen wand, gelang den Brüdern die Flucht, und ihrem Vater brachten sie den rettenden Meerfenchel mit. Was letztlich aus dem Riesen wurde, ist nicht überliefert ... Ein idealer Platz, um das Panorama mit festem Boden unter den Füßen zu genießen, ist das Restaurant ● *El Carmen (März–Okt. tgl. durchgehende Küche | Tel. 9 71 18 74 49 | €€–€€€)*, die Paella genießt einen guten Ruf.

Eine archäologische Zugabe liegt im Hinterland an der Straße Richtung Cala Vedella/Cala Carbó: *Ses Països de Cala d'Hort*, eine Grabungsstätte mit Wurzeln im 5. Jh. v. Chr. Ein Stück weiter nordwestlich öffnet sich die in der Hauptsaison häufig überfüllte *Cala Carbó*, eine Minibucht mit einem von Steinen durchsetzten Strand. *10 km südwestlich von Sant Josep de sa Talaia*

CALA TARIDA (128 B3–4) (*ɱ B4*)

Lassen Sie sich nicht von den mit Apartmentblocks zubetonierten Flanken abschrecken, die Cala Tarida lohnt einen Abstecher. Ins Bild gehören schöne Sandabschnitte und Felsplatten, im und am Wasser können Sie Kontakte knüpfen. Auch Familien mit Kindern suchen den Strand gerne auf, zumal das Wasser hier flach abfällt. *9 km nordwestlich von Sant Josep de sa Talaia*

CALA VADELLA (128 B4) (*ɱ B5*)

Schöner Buchteinschnitt, makelloser Sand, gute Infrastruktur – die Pluspunkte der Cala Vadella (auch: *Vedella*) liegen auf der Hand und zusammen mit dümpelnden Yachten und Fischerbooten vor Augen. Wer bei der Anfahrt aus Richtung Cala d'Hort kommt, passiert ausgedehnte Villengebiete, dann windet sich das Sträßchen abwärts auf den Ort und die Badebucht mit guter Infrastruktur zu. Parkraum ist indes Mangelware. Ein beliebtes Beach-Restaurant ist das *Can Jaume (Tel. 9 71 80 84 88 | www.canjaume. com | €€–€€€)*. *9 km westlich von Sant Josep*

SA CALETA ★ (129 D5) (*ɱ C–D5*)

Markante Klippen in rotbraunen Tönen formen die Kulisse von Sa Caleta, einer kleinen Bucht mit Steinstrand. Vom meernahen Parkplatz ist es ein Katzensprung ins Restaurant *Sa Caleta (tgl. | Okt.–Juni abends geschl. | Tel. 9 71 18 70 95 | €€€)*, das sich auf Reis- und Fischgerichte spezialisiert hat. Am Restaurant vorbei folgen Sie dem Weg wenige Gehminuten weiter zum *Poblat fenici*, den Überresten einer phönizischen Siedlung aus dem 7. Jh.v. Chr. Das kleine Gelände ist umzäunt und wegen seiner spärlichen Fundamente eher enttäuschend. Beeindruckender nimmt sich das Miteinander von Kieferngrün und Meeresblau im Hintergrund aus. Der ganze Küstenstreifen steckt voller Bootsschuppen der Fischer. Eine alternative Bucht öffnet sich weiter westlich mit der *Cala Es Jondal*. *10 km südöstlich von Sant Josep*

SANT AGUSTÍ DES VEDRÀ
(128 C3–4) (*ɱ C4*)

Wird gern als eines der besterhaltenen Dörfer der Insel gerühmt, doch die Zugkraft hält sich in Grenzen. Im Mittelpunkt des Ortes (400 Ew.) ragt die weiße Kir-

SANT RAFEL

che auf, ein Streifzug durch die Straßen macht mit beschaulichem Landleben vertraut. Gegenüber der Plaça Major liegt das Restaurant **INSIDER TIPP** *Ca'n Berri Vell (Ostern–Ende Okt., nur abends, So geschl. | Tel. 971344321 | €€)*. Im Innern warten rustikale Räume und eine gepflegte Küche. *4 km nördlich von Sant Josep de sa Talaia*

SA TALAIA ★ (128 C4) (*D C5*)
Hoch über Sant Josep de sa Talaia bäumt sich der 475-m-Riese Sa Talaia auf. Ibizas höchster Buckel trägt eine Haut aus Kiefern und wilden Kräutern und überdies mehrere Antennen. Entdeckernaturen starten in Sant Josep zu einer Bergwanderung (siehe Kapitel „Ausflüge & Touren"). Der Gipfel gibt phantastische Ausblicke auf die Ost- und Westküste frei. Alternative zum steilen Aufstieg: die Pistenauffahrt mit dem Mountainbike oder einem geeigneten Fahrzeug über den 5 km langen *Camí de Sa Talaia*. Der ausgeschilderte Abzweig liegt westlich von Sant Josep an der Straße nach Cala d'Hort. Wer motorisiert auffährt: Im Gipfelbereich verlangt das letzte Fahrstück durch den Forst zwischen den ersten und zweiten Antennen besondere Vorsicht (schmale Straße, steile Abstürze).

SANT RAFEL

(129 E3) (*D D4*) **Klein und unscheinbar breitet sich Sant Rafel de Forca etwas abseits der Schnellstraße C–731 von Eivissa nach Sant Antoni aus.**
Ein kurzer Abzweig führt ins Herz des Ortes (400 Ew.), wo mehrere Bars und Restaurants zur Auswahl stehen. Als bedeutendstes Bauwerk sticht die Ende des 18. Jhs. errichtete Kirche hervor. Krasser Gegensatz: am Ortsrand das gigantische *Privilege*, der pure Diskowahnsinn!

ESSEN & TRINKEN

CENTRE
Mediterrane Küche bestimmt den Speiseplan des zentral gelegenen Restaurants. Da fehlt weder die Paella noch der Fisch aus dem Ofen; hausgemachte Nachtische. *Di geschl. | Ctra. Sant Antoni/Cruce Sant Rafel | Tel. 971198411 | €€*

EINKAUFEN

INSIDER TIPP CERÁMICAS ICARDI
Carlos Icardi ist einer der letzten seiner Zunft, ein Keramikmeister mit Leib und Seele und künstlerischen Ambitio-

LUXUS HINTER BRUCHSTEIN

Neues Leben in alten Bauerngehöften – anstelle von Schafen oder Ziegen machen sich heute gut betuchte Zweibeiner breit, statt Landluft riecht es nach purem Luxus. Im Zuge des boomenden *agroturisme* mit heute über 20 Landhäusern auf Ibiza sind komplette Anwesen wie *Can Lluc* nahe Sant Rafel und *Can Pujolet* bei Santa Agnès de Corona mit viel Geschmack restauriert worden und genügen höchsten Ansprüchen. Umrahmt von Balken und Bruchsteinmauern genießen Sie Charme und Komfort in der Natur. Da die Häuser oft versteckt liegen, sollte man bei der Buchung auf der Website die Anfahrtsskizze bzw. -beschreibung ausdrucken oder die GPS-Koordinaten notieren.

DER SÜDWESTEN

nen. Gerne entwickelt er eigene Kreationen oder greift punische Vorbilder auf: Ein Lieblingsmotiv ist Schutzgöttin Tanit als kleines Relief für die Wand. Ansonsten stehen Schalen, Vasen und Amulette zur Wahl. Atelier und Shop liegen an der Ortsausfahrt Richtung Sant Antoni. *Can Ferreret 42 | Tel. 9 71 19 81 06*

AM ABEND

AMNESIA ●
Sommerdisko mit berühmt-berüchtigten Schaumpartys, heißen Sound- und Lichteffekten. DJs und Publikum geben alles. Die Opening Party steigt meist Mitte Juni, die Closing Party spätestens Anfang Oktober. *Ctra. Eivissa–Sant Antoni, km 6 | www.amnesia.es*

PRIVILEGE ★ ●
Megadisko mit internationalem Ruf, bekannten DJs und Platz für über 10 000 (!) Leute. Hier strömen die Massen auf verschiedenen Tanzflächen zusammen, treffen sich im Palmengarten oder im Pool. Models, Musik- und Filmstars sind keine Seltenheit – hier haben sich schon Robert de Niro, Madonna und Gloria Gaynor vergnügt. Fun bis zum behördlich auferlegten Toresschluss; je nach Party unterschiedliche Musikrichtungen. Ticketverkauf auch online: *www.privilegeibiza.com*. Einlass ab 18 Jahren. Opening meist Ende Mai, Closing Anfang Oktober. *Ctra. Eivissa–Sant Antoni, km 7*

ÜBERNACHTEN

CAN JAUME CURT
Rustikales, aber komfortables Ferienhaus (für bis zu 5 Pers.) bei Sant Rafel, ausgestattet mit drei Schlafzimmern, Kaminsalon und Privatpool: ein exklusives Refugium aus dem Hochpreissektor. *Buchungen über Can Lluc (s. u.) | €€€*

Handarbeit in der Töpferwerkstatt

INSIDER TIPP CAN LLUC ●
Traumhaftes Landhotel mit der Baustruktur einer alten Finca. Das Naturgelände umfasst Oliven- und Johannisbrotbäume und einen Spazierweg. Jedes Zimmer ist individuell gestaltet, im Hauptbau Salon und Leseecke. Außerdem gibt es Bungalows *(villas)* mit Kitchenette; Gartenanlage mit herrlichem Pool, Sauna und Jacuzzi – da kann man wunderbar entspannen. WLAN in allen Zimmern kostenlos; das Frühstück ist im Preis inklusive. *12 Zi., 8 Bung. | Anfahrt auf der Straße Sant Rafel–Santa Agnès, nach 2 km Rechtsabzweig, Erdweg bis zum Ende | Tel. 9 71 19 86 73 | www.canlluc.com | €€€*

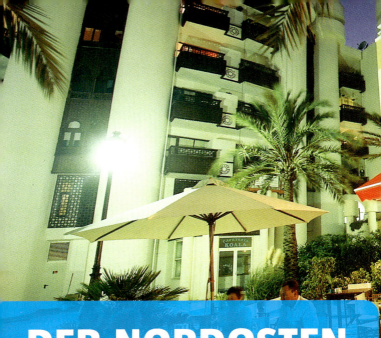

DER NORDOSTEN

Felsenfinger stechen aus dem Wasser, der Wind streicht durch Kiefern und Feigenbäume, über manchen Stränden des Nordostens hängt ein Hauch von Wildromantik – überall werden Urlaubsträume wahr.

Lebhaft geht es in der rasant gewachsenen Küsten- und Hafenstadt Santa Eulària d'es Riu zu, die sich mit Apartmentkomplexen und Hotelbauten immer weiter nach Osten ausgedehnt hat. Währenddessen weht im Inselnorden ein ganz anderer Wind. Die Besiedlung ist hier dünn, die Gegend um Sant Joan de Labritja etwa wirkt noch immer regelrecht verschlafen, Ausblicke auf die Felsenküsten erkämpft man sich mancherorts nur zu Fuß. Von gänzlich unberührtem Terrain kann man allerdings auch hier nicht mehr reden, wie im Sommer der Blick auf die frequentierten Strände von Portinatx, Port de Sant Miquel, Cala de Sant Vicent oder Figueral zeigt. Typisch für den Norden sind auch Landstriche mit Mandelbäumen und Orangen. Im Osten lebt Sant Carles noch heute von seinem Ruf als einstiger Hippie-Treff.

ES CANAR

(127 E3) (*F–G3*) Es Canar (1000 Ew.) ist das Zentrum einer populären Urlaubsregion, die südwestwärts mit Santa Eulària des Riu fast schon verschmilzt. Für Zugkraft in der Saison sorgt der bewährte Hippiemarkt auf dem Gelände des Clubs Punta Arabí.

Bild: Restaurant an der Uferpromenade von Santa Eulària

Strandfans erwartet eine reiche Auswahl, angeführt von der Ferienregion um Santa Eulària d'es Riu und Es Canar

Zwischen Punta Arabí und Es Canar downtown breitet sich eine belebte Bar- und Cafémeile an der Avenida de Punta Arabí aus, die auf den Minihafen und die nett aufgemachte Küstenpromenade zuläuft. Von dort schwenkt der Blick über den geschwungenen Sandstrand Richtung Punta de ses Calderes. Im dicht gebündelten Ortszentrum finden Sie Bars, Restaurants, Läden von der Stange und reichlich Trubel. Dreh- und Angelpunkt ist die *Plaça d'es Canar*, ein gefällig aufbereiteter Palmenplatz mit Springbrunnen. Im Sommer lassen es hier die Gäste der großen Hotels und Single-Clubs so richtig krachen.

ESSEN & TRINKEN

LA PERLA
Liegt etwas zurückgesetzt von den lebhaften Strand- und Hafenbereichen, Speis und Trank genießen Sie am besten auf der kleinen Terrasse, recht günstiges Mittagsmenü. *Tgl. | Av. d'es Canar | Tel. 9 71 33 11 67 |* €

ES CANAR

EINKAUFEN

HIPPIEMARKT ⭐ ●

Gilt als Ibizas bekanntester und größter Hippiemarkt, wobei das ureigene Hippieflair dem Kommerz schon lange gewichen ist. Livemusik (meist ab 14/14.30 Uhr) und Hunderte Stände bieten von April bis Oktober jeden Mittwoch (10–18 Uhr) dennoch eine Immer-was-los-Garantie. Angebot von Kleidung bis Kunsthandwerk. Für Verpflegung ist gesorgt. *Punta Arabí*

INSIDER TIPP ▶ CAMPING LA PLAYA

Kleiner, einfach ausgestatteter Platz mit Kiefernbestand. Dahinter liegt ein felsiges Küstenstück, schöner ist die benachbarte Bucht Cala Martina. Vermietet werden verschiedene Hütten *(bungalows)* für bis zu vier Pers.; preiswerter ist es im Nomadenzelt *(tienda nomade)* oder im Nostalgie-Wohnwagen *(caravana nostalgia)*. Anfang Mai–Mitte Okt. | *Cala Martina | Tel. 971 33 85 25 | www.campingibizalaplaya.com | €*

Seit Jahrzehnten eine Institution: der Hippiemarkt in Punta Arabí

ÜBERNACHTEN

APARTAMENTOS CEL BLAU

Freundliche, klimatisierte Apartments mit ein oder zwei Schlafzimmern. Kleiner Gemeinschaftspool, mitten im Geschehen. Attraktive Preise in der Nebensaison. Über die Webseite können Sie weitere Apartments im Ort buchen. *April–Okt. | 10 Ap. | Av. Punta Arabí 113 | Tel. 971 33 08 11 | www.ibizacelblau.com | €€*

PUNTA ARABÍ

Großes Eventresort, das mit seinen Sport-, Animations- und Showangeboten vor allem für ein jüngeres Publikum und für Singles als verlässliche Adresse für Urlaubs-Highlife bürgt. Wer sich hier einquartiert, bringt meist ein hohes Maß an Flirtbereitschaft mit. Kinder und Jugendliche unter 18 Jahren finden keine Aufnahme. *120 Bung. und 350 Zi. | Mai–Okt. | Av. Punta Arabí | Tel. 971 33 06 50 | www.clubpuntaarabi.com | €–€€*

DER NORDOSTEN

PORT DE SANT MIQUEL

(126 C1–2) (*E2*) **Der muntere Ferienort Port de Sant Miquel (500 Ew.) zieht Wasserfreaks an die fjordgleiche Bucht und den ansehnlichen Sandstrand.**
Die Bausünden der Vergangenheit sind nicht zu übersehen, die Hotelblocks fügen sich alles andere als harmonisch ins Bild. Den Strand säumt eine winzige Palmenpromenade mit Bänken.

ESSEN & TRINKEN

PORT BALANSAT
Großes Restaurant in Strandnähe, dessen Beliebtheit häufig für vollbesetzte Tische sorgt. Gut: Fisch und anderes Meeresgetier. Auf der ☼ Terrasse isst das Auge doppppelt mit: Hier genießen Sie auch den Blick aufs Meer. *Tgl., Mitte Nov.–Mitte Feb. geschl.* | *Tel. 9 71 33 45 27* | €€–€€€

ÜBERNACHTEN

C'AS PLA
Stilvolles, rustikales Landhotel mit zwei Pools und Gartenanlagen, Sauna und türkischem Bad. Der ausgeschilderte Abzweig liegt an der Straße zwischen Sant Miquel de Balansat und Port de Sant Miquel. *Mai–Okt.* | *16 Zi.* | *Tel. 9 71 33 45 87* | *www.caspla-ibiza.com* | €€€

SAN MIGUEL PARK – ESMERALDA MAR
Ferienanlage mit Apartments, vor allem bei Familien sowie bei Paaren beliebt, nur wenige Hundert Meter vom Strand. Es gibt zwei Pools. *100 Einheiten* | *Mai–Okt.* | *Es Savinal* | *Tel. 9 71 33 46 02* | *www.sanmiguelpark-ibiza.com* | €–€€

ZIELE IN DER UMGEBUNG

CALA DE BENIRRÀS ● (126 C1) (*E2*)
Kieseliger Strand und glasklares Wasser an der kleinen Bucht bilden den Rahmen für Neuhippie-Traditionen, vor allem sonntags. Dann **INSIDER TIPP** kommen Trommler zusammen, bis die Sonne versinkt und die Handflächen glühen: ein lautstarkes Hippie-Revival – allen behördlichen Bestimmungen zum Trotz. Schön ist auch die Anfahrt an die Cala Benirràs: eine kleine Gebirgsroute mit

---

MARCO POLO HIGHLIGHTS

★ **Hippiemarkt**
Mittwochs zieht der bunte Trubel mit über 500 Ständen die Massen an die Punta Arabí → S. 68

★ **Cova de Can Marçà**
Tropfsteinhöhle: Geschichten von Schmugglern und faszinierende Formationen → S. 70

★ **Volkstänze**
Ortstermin in Sant Miquel: Bühne frei für Folkloregruppen → S. 71

★ **Puig de Missa**
Aufstieg zur Kirche und zum sehenswerten Friedhof auf dem Hausberg von Santa Eulària → S. 74

★ **Cala Llenya**
Feinsandiger Strand, angenehm breite Liegeflächen → S. 78

★ **Cala de Sant Vicent**
Makelloser Sandstrand zwischen Felsenflanken an der Nordostspitze der Insel → S. 79

PORT DE SANT MIQUEL

Kiefernwäldern und Küstenblicken. *Ca. 4 km nordöstlich von Port de Sant Miquel*

COVA DE CAN MARÇÀ ★ ●
(126 C1) (*E2*)
Die Tropfsteinhöhle besitzt interessante Galerien und hat eine geologische Geschichte, die rund 100 000 Jahre zurückreicht. In den Originaleingang konnte man einst nur kriechen und musste dann 40 m voranrobben. Von den Dreißiger- bis Anfang der Siebzigerjahre des letzten Jahrhunderts sind Episoden von Schmugglern überliefert, die in der Grotte ihre Tabak- und Schnapslager unterhielten. Noch heute sieht man rätselhafte Zeichen in Schwarz und Rot an den Steinwänden, mit denen sie sich den Weg zum Notausgang markiert hatten. Ton- und Lichteffekte sorgen beim geführten Rundgang für kleine Showtime. Auf der Terrasse der Höhlenbar können Sie sich mit einem Drink erfrischen und die herrliche Aussicht auf die Felsküste genießen. Der Eintritt ist mit 10 Euro recht hoch bemessen, doch Vergleichbares bekommen Sie auf der Insel sonst nicht geboten. *Zugang nur mit Führung (etwa jede halbe Stunde, Dauer 40 Min.), im Sommer tgl. 10.30–13.30 und 14.30–20, sonst tgl. 11–17.30 Uhr | Tel. 9 71 33 47 76 | www.covadecanmarsa.com | ca. 1 km nordöstlich von Port de Sant Miquel (beschildert, kostenloser Parkplatz)*

SANTA GERTRUDIS DE FRUITERA
(126 C3) (*E3*)
Zitronen-, Orangen- und Johannisbrotbäume legen sich weitläufig um das Örtchen (600 Ew.), das unter dem Schutz der hl. Gertrud steht und alljährlich Mitte November sein Patronatsfest begeht. Vor oder nach Besichtigung der Dorfkirche (18. Jh.) geht's ab in eine der vielen einladenden Kneipen des Ortes. Die **INSIDER TIPP** Schinkenbrötchen in der Bar *Costa (Passeig de Santa Gertrudis | Tel. 9 71 19 70 21 | Di geschl. | €)* werden von Einheimischen gerne als die besten der Insel gerühmt, doch auch auf ande-

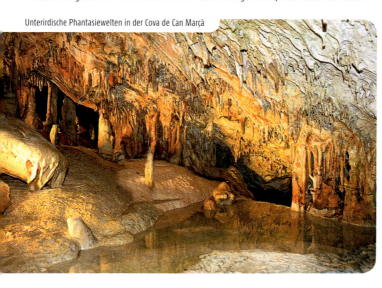

Unterirdische Phantasiewelten in der Cova de Can Marçà

DER NORDOSTEN

ren Terrassen rundum sitzen und essen Sie gut. Gehobene Ansprüche bedient das in Sichtweite der Kirche gelegene Restaurant *La Plaza (Tel. 9 71 19 70 75 | €€€)* mit einem schön bepflanzten Innenhof. Gesellschaftliche Ereignisse sind die Versteigerungen bei *Casi Todo (Passeig de Santa Gertrudis | Tel. 9 71 19 70 23 | www.casitodo.com)*, was „Fast alles" bedeutet: von Möbeln und Interieur über Kunst und Kunsthandwerk bis zu Oldtimern und Yachten.

Cas Gasi (15 Zi. | Camí Vell a Sant Mateu | Tel. 9 71 19 77 00 | www.casgasi.com | €€€) heißt ein abgelegenes, 4 ha großes Areal westlich von Santa Gertrudis; der ausgeschilderte Abzweig liegt an der alten Straße nach Sant Mateu. In diesem Landhotel genießen Sie absolute Ruhe und Natur in rustikaler Atmosphäre. 350 Olivenbäume dienen der Ölproduktion für den Eigenbedarf, auch der ökologische Anbau von Obst und Gemüse ist den Betreibern wichtig. Die Preise entsprechen dem luxuriösen Standard. *11 km südlich von Port de Sant Miquel, Anfahrt über Sant Miquel de Balansat auf der Landstraße PM-804*

SANT MIQUEL DE BALANSAT
(126 C2) (*E2*)

Allbeherrschend thront die wehrhafte Kirche (14.–16. Jh.) auf dem Ortshügel Puig de Missa und lockt Besucher durch zwei dreibögige Zugänge an. Im Innern wirkt das Gotteshaus fast grottenartig, Teile der Gewölbe sind mit Fresken bemalt. Nicht nur beim Patronatsfest Ende September geht es in Sant Miquel hoch her. Von etwa Anfang Juni bis Ende September werden ★ ● *Volkstänze* geboten: Immer donnerstags gegen 18 Uhr geben sich hier Folkloregruppen ein Stelldichein. In typische Trachten gekleidet, ziehen sie auf dem Kirchenvorplatz mit ibizenkischen Tänzen (dem sogenannten *ball pagès*) und Musik zahlreiche Besucher an – eine ideale Gelegenheit, sich ein Bild von der lebendigen Traditionspflege zu machen. *4 km südlich von Port de Sant Miquel*

TORRE D'ES MOLAR
(126 C1) (*E2*)

Am Strand von Port de Sant Miquel beginnt ein ausgeschilderter Wanderpfad, auf dem Sie etwa 25–30 Minuten bis zur Torre d'es Molar brauchen. Manche Abschnitte sind steinig und steil und führen durch schattigen Kiefernforst, nicht überall ist der Weg deutlich mit Farbmarkierungen ausgewiesen. Das Panorama um den alten Molar-Wachturm entschädigt für alle Mühen. Hier zeigen sich die Abstürze der nördlichen Felsenküste von spektakulären Seiten, auch den Strand von Port de Sant Miquel haben Sie in der Ferne im Blick.

PORTINATX

(127 D1) (*F1*) **Portinatx (sprich: „Portinatsch", 800 Ew.) ist eine kleine Ferienhochburg im Norden. Allsommerlich strömen Wasserratten und Sonnenanbeter herbei und aalen sich an mehreren Strandbereichen.**

Tonangebend sind meist die Briten. Abseits des Strandes trifft man sich an der von Bars und Restaurants gesäumten Promenade oder auf dem während der Saison sonntagabends (ab ca. 18 Uhr) stattfindenden *Hippiemarkt*.

ESSEN & TRINKEN

INSIDER TIPP ▶ **ES PUET BLANC**

Zu günstigen Preisen gibt es hier Fisch-, Fleisch- und Nudelgerichte, außerdem Pizza, Salate, Paella. Nach dem Essen können Sie gleich an den Strand kugeln

71

PORTINATX

Kein übermäßiger Trubel: Strand in der Bucht von Portinatx

oder einen Verdauungsspaziergang über die vorliegende Promenade einschieben. Unter derselben Leitung stehen die *Apartamentos Es Puet Blanc,* die sich ebenfalls durch ein ausgesprochen moderates Preisniveau auszeichnen *(16 Einheiten | €); nur Mai–Okt., Restaurant dann tgl. | S'Arenal Petit | Tel. 9 71 32 06 06 | www.espuetblanc.com | €*

STRÄNDE

Südwestlich von Portinatx führen Abstecher von der Hauptstraße an weitere kleine Strände und Buchten: zur *Cala des Xuclar* (klein, kieselig), *S'Illot des Renclí* (winzig, kieselig, steile Zufahrt) und zur *Cala Xarraca* (sandig, felsig).

ÜBERNACHTEN

LA CIGUENYA
Ein gutes Preis-Leistungs-Verhältnis und eine günstige Lage zeichnen dieses Hotel aus; mit Pool und kleinem Fitnessraum. *25 Zi. | Mai–Okt. | Cala Portinatx | S'Arenal Petit 36 | Tel. 9 71 32 06 14 | www.laciguenya.com | €–€€*

NORT
Apartmentanlage, die auf Paare, Freundesgruppen und Familien mit Kindern zugeschnitten ist. Es gibt Studios und Apartments mit einem und zwei Schlafzimmern. Pool, Restaurant, Strandnähe. *14 Ap. | ganzjährig | Cala Portinatx | Tel. 9 71 32 05 93 | www.apartamentosnortibiza.com | €*

ZIELE IN DER UMGEBUNG

FAR DES MOSCARTER (127 D1) (*F1*)
Der 24 m hohe Leuchtturm mit seiner spiralförmigen schwarzweißen Farbringelung liegt 1,16 km (so das Wanderschild zu Beginn) nordöstlich von Portinatx an der Steilküste und ist von Portinatx bereits zu sehen. Der ☼ Weg lohnt wegen

DER NORDOSTEN

des herrlichen Küstenpanoramas und der mediterranen Vegetation. Man schlägt einen Bogen durchs Inland, in dem sich ein Netz an Pfaden verästelt und Liebespärchen ideale Schlupfwinkel finden.

SANT JOAN DE LABRITJA
(127 D2) (*m* F2)

Je nach Saison zeigt der Ort (500 Ew.) sein lebendiges oder sein verschlafenes Gesicht. In behördlichen Fällen suchen die Bewohner der Gegend das Rathaus auf, das vis-à-vis der markanten *Kirche* (18. Jh.) mit spitzem Turmaufsatz liegt. Die Durchgangsstraße zieht sich steil aufwärts, vor den Häusern stehen Töpfe mit blühenden Pflanzen, in den Gärten gedeihen Weihnachtssterne und Orangen. Für die Polizisten der Guardia-Civil-Station besteht kaum Herzinfarktgefahr. Legen Sie ebenfalls eine Pause ein, z. B. im *Café Vista Alegre (im Sommer tgl., sonst So geschl. | Tel. 9 71 33 30 08 | €)* an der Plaça d'Espanya. Hier wird zu günstigem Preis ein täglich wechselnder **INSIDER TIPP** Tagesteller *(plato del día)* serviert: ob Fischtopf, Linsen oder Gemüsepaella. Das örtliche Touristenbüro finden Sie in der *C/. del Alcalde Jaume Marí Roig 4 (Tel. 9 71 33 30 75)*.

SANTA EULÀRIA

(127 D3–4) (*m* F3–4) Promenaden, Hafen- und Strandbereiche komponieren die Bilder im größten Ballungsgebiet der ibizenkischen Ostflanke; in

BÜCHER & FILME

▶ **Mein Ibiza** – Autor Jens Rosteck, der von frühester Kindheit an Ibiza kennen- und liebenzulernen begann, präsentiert die Insel in atmosphärischen Momentaufnahmen

▶ **Sommernachtsmord** – Raubeiniger Schauspieler, Autor, Ex-Knacki: Burkhard Driest, langjähriger Ibiza-Kenner, hat viele Gesichter. In Sommernachtsmord ermittelt Kommissar Toni Costa auf Ibiza, es geht um ein verschwundenes Mädchen aus einer Talentshow. Toni Costa tritt auch in *Küchenkunst, Liebestod, Der rote Regen* und *Brennende Schuld* in Aktion; die Krimis sind angefüttert mit viel Lokalkolorit

▶ **Der Weihnachtsmann auf Ibiza** – Humorig und unterhaltsam: das Weihnachtsfest im Spiegel unterschiedlicher Charaktere aus Mitteleuropa, verfasst von Mascha Matysiak

▶ **Undercover Ibiza** – In dieser deutschen Low-Budget-Produktion (2007) spielt Regie-Guru Klaus Lemke gleich selbst die Hautrolle eines pensionierten Militärs, der auf Ibiza seinen Sohn sucht. In Wahrheit geht es dem Alten darum, die Freundinnen seines Sprösslings aufzureißen …

▶ **Formentera** – Die Insel als Plattform für ein Geflecht aus zwischenmenschlichen Beziehungen. Zuschauer müssen sich auf düstere Dramatik, lange Einstellungen und gemächlichen Erzählrhythmus einlassen – intensiver Film von Regisseurin Ann-Kristin Reyels (2012)

SANTA EULÀRIA

der Kernstadt Santa Eulària des Riu leben ca. 10 000, in der Großgemeinde etwa 30 000 Menschen, darunter einige Deutsche.

Der Name Santa Eulària erinnert an eine Märtyrerin zu römischen Zeiten, allerdings ist der Zusatz *Riu* („Fluss") im Strom der Zeiten untergegangen. Heute liegt der Riu de Santa Eulària ausgetrocknet da, auf der Ausfahrt Richtung Eivissa überqueren Sie die alte Brücke über das Flussbett. Geschäftig zieht sich der *Carrer de Sant Jaume* durchs Stadtbild und trennt den Rathausplatz, die *Plaça d'Espanya,* von der Hauptpromenade, dem *Passeig S'Alamera.* Einkehrgasse par excellence mit vielen Restaurants und Bars ist der Carrer San Vicente. Ein wenig ins Hinterland versetzt wirft sich der Hausberg *Puig de Missa* mit seiner imposanten Wehrkirche nebst Friedhof auf, südwärts bleibt der Blick an der Küste entlang an den kleinen Bergen um den *Puig d'en Pep* (240 m) hängen.

SEHENSWERTES

MUSEU D'ETNOGRAFIA
Auf dem Puig de Missa, unweit der Kirche, beherbergt das historische Landhaus Can Ros ein aufschlussreiches Volkskundemuseum. Anhand von sorgsam zusammengetragenen Exponaten (u. a. landwirtschaftliches Gerät, Trachten, Schmuck, eine Olivenpresse aus massivem Pinienholz, ein Stampfbottich im Weinkeller) macht man sich mit den ländlichen Bräuchen und Traditionen der alten *Ibicencos* vertraut. Aufnahme in die Bestände haben außerdem Werke des katalanischen Malers Laureano Barrau (1863–1957) gefunden, der lange auf Ibiza lebte, wo er ländliche Szenen und Landschaften festhielt. *April–Sept. Di–Sa 10–14, 17.30–20, sonst Di–Sa 10–14 Uhr (im Winter z.T. ganz geschl.)*

PASSEIG MARÍTIM
Die geschmackvoll angelegte Küstenpromenade wird flankiert von Stadtstränden und Apartmentblocks; sie ist Mittelpunkt des Sommerlebens. Palmen und Olivenbäume werfen Schatten, Bänkchen und Bars laden zur Rast.

PASSEIG S'ALAMERA
Flanierpromenade, auch *Ramblas* („Allee") genannt, die sich vom Rathaus hinab ans Meer schiebt und mit Palmen und Bänken aufgemacht ist. Immer wieder wird dieser Citybereich für Kunsthandwerkermärkte genutzt.

PUIG DE MISSA ★
Auf eine Höhe von 52 m steigt der Kirchhügel Puig de Missa an. Treppen führen an kalkweißen Häusern und Gartenparzellen mit Orangen- und Zitronenbäumchen vorbei, man sieht Opuntien, Ginstersträucher. Oben angekommen, schweift der Panoramablick über die Unterstadt bis zum Meer und rückwärtig ins hügelige Hinterland. Einst siedelten hier die Mauren und beteten zu Allah – bis zur Reconquista 1235, in deren Zuge die Moschee durch eine erste Kirche ersetzt wurde. Der jetzige Bau geht auf das 16.–18. Jh. zurück und trägt den Charakter einer Wehrkirche. Hinter den dicken Mauern fanden die Bewohner bei Piratenattacken Zuflucht, von Steinwällen aus nahm man die Feinde unter Beschuss. Der überdachte Vorhof mit seinen kalkweißen Arkaden zählt zu den schönsten der Insel, im ansonsten recht nüchternen Innern reicht das Barockretabel bis ans Gewölbe heran. Wer sich für spanischen Totenkult interessiert, sollte den **INSIDER TIPP** Friedhof nicht auslassen. Man streift an den verglasten Fronten der mehrstöckigen Sargeinschubfächer vorbei, schaut auf Fotos der Verblichenen. Zur Zierde dienen Kunstblumen, Ke-

DER NORDOSTEN

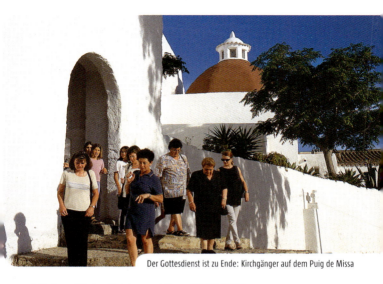

Der Gottesdienst ist zu Ende: Kirchgänger auf dem Puig de Missa

ramiktöpfe und kleine Christus- und Madonnenskulpturen.

SPORTHAFEN

Besuchermagnet ist die Meeresfront mit ihrem Sporthafen, in den Motor- und Segelboote jeder Größe einlaufen. Lassen Sie sich von Gerüchen und Geräuschen an den Becken entlangtreiben und genießen Sie die Stimmung – Restaurants und Bars gibt's reichlich. Im Sommer Linienbootsverkehr nach Es Canar.

ESSEN & TRINKEN

ATZARÓ

Genießern ist kein Weg zu weit, um in diesem Landhotel (ca. 5 km entfernt) zu tafeln. Kreative Küche mit internationalem und mediterranem Einschlag. Die Qualität hat allerdings ihren Preis. Reservieren! *Nov.–März geschl. | Ctra. Sant Joan, km 15 (ausgeschilderter Abzweig) | Tel. 971 33 88 38 | www.atzaro.com | €€€*

CA NA RIBES

Gepflegte Küche, Spezialitäten: die Reisgerichte. Es gibt auch ein Paellamenü Das Restaurant zeigt zu zwei Straßen hinaus. *Nur Mai–Okt., So-mittags geschl. | Carrer de Sant Jaume 67/Carrer de Sant Vicent 36 | Tel. 971 33 12 80 | €€*

EINKAUFEN

Merken Sie sich für Ihren Bummel den *Carrer de Sant Jaume*, den *Passeig S'Alamera* und den *Carrer de Sant Vicent* vor. Modeauswahl finden Sie im *Centre Comercial Art (Carrer de Mariano Riquer Wallis 6)*, einem Geschäftszentrum.

STRÄNDE

Die Stadtstrände breiten sich zwischen dem Sporthafen und der alten Flussmündung aus, gesäumt von der Promenade mit Einkehrmöglichkeiten. Richtung Es Canar steuern junge Leute die *Cala Pada* und die *Platja de S'Argamassa* an.

SANTA EULÀRIA

FREIZEIT & SPORT

Die *Marina* von Santa Eulària ist Dreh- und Angelpunkt für alles, was mit Booten zu tun hat, z. B. für Ausfahrten im Glasbodenboot. Ein paar Kilometer nordöstlich liegt mit der Tauchschule *Cala Pada (Mai–Okt. | Tel. 9 71 33 07 55 | www.diving-ibiza.com)* ein deutschsprachiges Center für Unterwasserfreaks; Tauchgänge führen u. a. zu Höhlen und zum Wrack eines Segelschiffs. Südwestlich der Stadt, auf halbem Weg zwischen Santa Eulària und Jesús, liegt Ibizas einziger Golfclub (s. „Sport und Aktivitäten"). Fahrradverleih bei *Kandani (Carrer Cesar Puget Riquer 27 | Tel. 9 71 33 92 64 | www.kandani.es)*.

AM ABEND

In puncto Nightlife kann und will es das eher entspannte Santa Eulària nicht mit Eivissa oder Sant Antoni aufnehmen; hier herrscht ein vergleichsweise gesetztes, familiäres Ambiente. Heiß geht es hingegen am Hafen im Diskopub *Guaraná* mit Livemusik und DJs zu; eine gute Alternative ist die Bar *Mi Caribe*.

ÜBERNACHTEN

INSIDER TIPP AGUAS DE IBIZA

Fünf-Sterne-Komfort am Stadtrand mit Durchgang zur Hafen- bzw. Strandpromenade, Poolbereich mit Wiese und Palmen. Von der schönen Dachterrasse mit der Sommerbar *Air Ibiza* hat man einen tollen Blick auf den Yachthafen und den Puig de Missa; hervorragendes Restaurant. Das Design ist recht kühl gehalten und doch harmonisch. Wohlbefinden garantiert der 2000 m^2 große Spa-Bereich. *112 Zi. | April–Okt. | Carrer Salvador Camacho 9 | Tel. 9 71 31 99 91 | www.aguasdeibiza.com | €€€*

Häufig stehen Verkaufsstände auf dem Passeig S'Alamera, der Zeitungskiosk ist immer da

DER NORDOSTEN

ATZARÓ
Ein für Ibiza komplett atypisches Landhotel: Obgleich in Orangenhaine und exotische Gartenanlagen gefasst, herrscht hier oft Highlife statt beschaulicher Ruhe – die offene *Music & Sushi Lounge* und das Gourmetrestaurant machen es möglich. ● **INSIDER TIPP** **Exzellenter kleiner Wellnessbereich** mit Dampfbad und Sauna, nett aufbereiteten Ruhezonen und Designerpools. *24 Zi. und Suiten | April–Okt. | Ctra. Sant Joan, km 15 | ausgeschilderter Abzweig | Tel. 9 71 33 88 38 | www.atzaro.com | €€€*

DUQUESA PLAYA
Hier stehen mehrere Apartmenttypen zur Wahl, eine gute Option für Familien. Pool auf der Dachterrasse. Günstige Tarife in der Nebensaison. Gute Lage nahe Hafen und Strand. *32 Ap. | ganzjährig | Carrer San Lorenzo 16–18 | Tel. 9 71 31 93 37 | www.duquesaplaya.com | €€*

MEDITERRANEO
Zwei-Sterne-Hotel, geradlinig, kleiner Pool, beliebt vor allem bei jüngerem Publikum. *60 Zi. | Ende Mai–Anfang Okt. | Carrer Pintor Vizcai 1 | Tel. 9 71 33 00 15 | www.azulinehotels.com | €–€€*

AUSKUNFT

OFICINA D'INFORMACIÓ TURÍSTICA
Carrer de Mariano Riquer Wallis 4 | Tel. 9 71 33 07 28 | www.santaeulariadesriu.com

ZIEL IN DER UMGEBUNG

CALA LLONGA (127 D4) (*F4*)
Tiefe Bucht, guter Sandstrand, angenehmer Einstieg ins Meer, daher meist gut gefüllt. Hier fügen sich Hotel- und Apartmentblocks mehr schlecht als recht in die Landschaft, finden Wasserfreaks gleichwohl ein gutes Tummelbassin. *4 km südlich von Santa Eulària*

SANT CARLES

(127 E2) (*F2–3*) **Das freundliche Ortsbild legt sich rund um die Kirche; in Sant Carles (500 Ew.) liegt alles auf engstem Raum: Bars, Banken, Apotheke.**
Eine Runde ums Gotteshaus führt Sie auf einen Orangenbaumplatz und in die winzige Fußgängerzone, die man geschmackvoll mit Pflanzenkübeln ausstaffiert hat. Sant Carles dient als Sprungbrett zu etlichen Stränden.

SEHENSWERTES

ESGLÉSIA DE SANT CARLES
Ortskirche, deren Bau Ende des 18. Jhs. von Bischof Abad y Lasierra in Auftrag gegeben wurde. Am Eingang ein kleines Weihwasserbecken in Muschelform,

SANT CARLES

im Altarbereich eine Skulptur des hl. Karl Borromäus. Abends erstrahlt die Kirche in warmem, orangefarbenem Licht.

ESSEN & TRINKEN

ANITA
Legendäre Bar, in der zu Urhippiezeiten alles anfing. Hier trifft man sich zum Plausch, auf ein Omelett oder einen Salat. *Tgl. | an der Durchgangsstr. | Tel. 9 71 33 50 90 |* €

LOW BUDG€T

▶ ● *Es Cuieram (auch: Culleram | im Sommer Di–So 10–14, sonst bis 13 Uhr)* fungierte ab dem 5. Jh. v. Chr. als Höhlen-Sanktuarium der Punier. Es liegt in den Hügeln nahe Cala de Sant Vincent; ausgeschilderter Abzweig von der Straße Richtung Sant Joan, die letzten 600 m legt man zu Fuß zurück. Der Zutritt zur Grotte mit ihrem Steinaltar ist kostenlos, für die Öffnung ein Wächter zuständig.

▶ Das winzige Dorf *Balàfia* (südwestl. von Sant Joan) kommt einem Freilichtmuseum gleich. Es besteht aus fünf Bauernhäusern und zwei Wehrtürmen und gilt als eines der besten Beispiele traditioneller Architektur auf Ibiza. Die Gebäude selbst dürfen Sie allerdings nicht betreten.

▶ In Portinatx liegen die erschwinglichen *Portinatx Apartments (13 Ap. | je nach Saison 45–115 Euro | Cala Portinatx | Tel. 9 71 32 06 14 | www.portinatxapartments.com)*, die von max. vier Erwachsenen bzw. Familien mit Kindern genutzt werden können.

EINKAUFEN

LAS DALIAS ●
Südlich gelegener Hippiemarkt, der das ganze Jahr über immer samstags um das gleichnamige Restaurant abgehalten wird. Gebührenpflichtige Großparkplätze.

ÜBERNACHTEN

CAN CURREU
Das Landhotel bürgt für Komfort, das Restaurant *(tgl.)* für Genuss auf hohem Niveau. Für Wellnessfreuden sorgt der Spa mit Hallenbad, Sauna und Dampfbad (auch Außenpool). Es werden auch Ausritte organisiert. *17 Zi. und Suiten | Ctra. Sant Carles, km 12 | ausgewiesener Abzweig bei Las Dalias | Tel. 9 71 33 52 80 | www.cancurreu.com |* €€€

ZIELE IN DER UMGEBUNG

BUCHTEN UND STRÄNDE
Von Sant Carles geht es zur wenige Kilometer südöstlich gelegenen ★ ● *Cala Llenya* (127 E3) (*M G3*), einem echten Strandhöhepunkt. Hinter dem Kiefernforst breiten sich feinsandige Flächen mit Liegeplätzen aus. Einmal dort, treten die nahen Apartmentanlagen in den Hintergrund. Die Bucht ist geschützt, der Wassereinstieg gefahrlos. Nahe dem Strand steigt sonntags von ca. 10 bis 17 Uhr ein INSIDERTIPP Allerleimarkt *(mercadillo)*. Weiter südlich führt eine Stichstraße an die ansehnliche *Cala Nova* (127 E3) (*M G3*). Urwüchsiger und einsamer wird es an der Küste nördlich der Cala Llenya, wo Sie mit der INSIDERTIPP *Cala Mastella* (127 E3) (*M G3*) eine malerische kleine Sandbucht erwartet. Die Küstenlandschaft ist wild zerfranst. In Felsrahmen eingefasst ist die *Cala Boix* (127 E3) (*M G3*), eine kleine Bucht mit dunklem Sand, zu der eine Treppe hinabführt. In

DER NORDOSTEN

Noch liegt der Strand in der Cala de Sant Vicent verlassen da ...

der Strandbar können Sie es sich ebenso gutgehen lassen wie in einigen nahen Saisonrestaurants. Die kleine *Platja Es Pou des Lleó* (127 E–F2) (*G2–3*) schließt das Strandensemble ab – schön der Blick auf die Insel Tagomago.

Weiter nördlich geht es an der Küstenlinie an die *Platja des Figueral* (127 E2) (*G2*) heran, einen beliebten Familienstrand. Darüber breitet sich das weitläufige Invisa-Hotel INSIDERTIPP *Club Cala Blanca* (April–Okt. | 320 Zi. | Tel. 971335100 | www.invisahoteles.com | €€–€€€) aus, eines der schönsten Inselhotels für Familien mit Kindern – mit Pirateninsel, Freiluftpools, kleinem Hallenbad, Spielgerät, Sportangeboten, Treppenabgängen zum Strand und einer kindgerechten Auswahl am Büfett. Ein Stück oberhalb liegt das zweite, etwas kleinere Invisa-Hotel *Club Cala Verde* (April–Okt. | 275 Zi. | Tel. 971335111 | www.invisahoteles.com | €€–€€€). Von beiden ☼ Hotelterrassen haben Sie traumhafte Ausblicke! Nicht so komfortabel, aber nett und preiswert hinterm Strand: das Hostal *Es Alocs* (Tel. 971335079 | www.hostalalocs.com | €) mit angeschlossenem Restaurant. Weiter nordwärts führt ein Abstecher zur *Platja Aigües Blanques* (127 E2) (*G2*), einem klippengesäumten Nacktbadestrand. Achtung, die Zufahrt ist steil, gehen Sie besser zu Fuß hinunter.

CALA DE SANT VICENT ★
(127 E2) (*G2*)

Nordöstlichster Küstenort (300 Ew.), der sich durch seinen breiten Sandstrand auszeichnet. Zum Ortsbild gehören Bootsschuppen und Felsenflanken. Hier fühlen sich Schnorchler gut aufgehoben. Weniger reizvoll ist die Bebauung u. a. mit dem Hotelkasten *Cala de San Vicente* (117 Zi. | Mai–Okt. | Tel. 971320121 | www.grupotel.com | €€–€€€). Cala de Sant Vicent liegt 6 km nordöstlich von Sant Carles und lässt sich gut mit einem Schlenker nach *Sant Vicent de sa Cala* (127 E2) (*F2*) kombinieren. Das Inlandsdorf (300 Ew.) liegt ein paar Kilometer westlich vom Strand.

FORMENTERA

„Als Kinder", erzählt Carmen, die auf Formentera aufgewachsen ist, „sind wir einfach mit den Hippies losgezogen. Meine Mutter hatte meist ein Picknick vorbereitet, dann ging's mit dem Esel und dem Karren los. Damals war selbst im Hochsommer am Illetes-Strand fast niemand zu sehen!"

Das ist heute unvorstellbar – und dabei noch gar nicht so lange her, denn Carmen hat noch lange nicht das Alter erreicht, in dem bereits die Rente winkt. Auf der Insel darf sie sich als Besonderheit fühlen, denn unter den etwa 8000 ständigen Bewohnern gehört sie zu den waschechten Einheimischen – obwohl sie auf Ibiza geboren wurde. Warum Letzteres? „Ganz einfach", sagt sie, „dort war die nächste Entbindungsstation." Heute hat Formentera längst ein eigenes Krankenhaus, hat vermeintlich Versäumtes mit Siebenmeilenstiefeln aufgeholt – und ist in vielerlei Hinsicht doch die Alte und sich selber treu geblieben. Auf 82 km² bleibt weder Platz für einen Flughafen noch für große Städte – daher rührt das häufig benutzte Prädikat von der „Friedensinsel". Ein anderer Slogan lautet: „Das letzte Paradies im Mittelmeer". Die einzige Anreisemöglichkeit ist mit dem Schiff, im Linienfährverkehr ab Ibiza. Zwischen den Häfen Eivissa und La Savina liegen zwölf Seemeilen, und dort passiert man auch ein 13 617 ha umfassendes Meeresschutzgebiet, die *Reserva Marina dels Freus de Ibiza y Formentera*. Hier steht die Unterwasserwelt bis hinab in eine Tiefe von 60 m unter Schutz.

Bild: Platja de Llevant und Platja de ses Illetes im Norden Formenteras

Kristallklares Wasser, Felsenbuchten, sandige Weiten – der Stoff, aus dem seit Hippiezeiten die Urlaubsträume sind

Ob Blumenkinder von damals oder Besucher von heute, sie alle ließen und lassen sich in den Schoß dieses Eilands fallen, das von der Form her mit etwas Phantasie einem etwas klobigeren High-Heel nahekommt. Überall genießt man die Reize einer abwechslungsreichen Landschaft: Da gibt es (teils feinsandige) Strände mit einer Gesamtlänge von über 20 km, schattige Kiefernhaine, raue Felsbuchten, von Höhlen durchlöcherte Klippen, die Binnenseen Estany Pudent und Estany des Peix, die Salinen, das kristallklare Meerwasser. Was nicht heißt, dass Formentera einzig ein Hort für weltentrückte Naturseelen oder versprengte Romantiker wäre! Im Sommer genießen Treffs wie die *Blue Bar* einen guten Ruf, und manche Strände mutieren zu improvisierten Tanzflächen. Unter der Meeresoberfläche wirken die Neptungraswiesen um die Insel wie ein natürlicher Filter, das Wasser ist besonders transparent und erlaubt Tauchern eine Sicht von bis zu 50 m. Das Klima gilt mit annähernd 3000 Sonnenstunden pro Jahr als

ES PUJOLS

das regenärmste und wärmste der Balearen. In der Hochsaison wird aus der Fahrrad- vielerorts eine Motorrollerinsel, rantpotenzial bietet Es Pujols. Hotel- und Apartmentanlagen kommen moderat daher, die einzigen Megakästen liegen

Abenddämmerung über der Strandpromenade von Es Pujols

die sehr viele italienische Gäste anlockt. Man muss sich darauf einstellen, dass die meisten Unterkünfte im Juli/August unverhältnismäßig teuer sind, da sich das Hauptgeschäft des Jahres auf den Hochsommer konzentriert. Von Oktober bis April bleiben vielerlei Unterkünfte und Restaurants geschlossen. Wer Ruhe liebt, wird die INSIDER TIPP *casas rurales* lieben, „Gasthäuser in ländlicher Umgebung". Unter diesem Stichwort steht auf der Inselhomepage www.formentera.es eine umfangreiche Broschüre, die mehrere Dutzend Adressen und Beschreibungen enthält, zum Download bereit.

Überall auf Formentera sind die Entfernungen und die Höhen gering. Gerade 17 km trennen den Hafenort La Savina im Nordwesten von El Pilar de la Mola im Osten, auf der Hochebene La Mola markiert der 192 m hohe Sa Talaiassa das höchste aller Inselgefühle. Hauptstadt ist Sant Francesc, das größte Ausgeh- und Restau-

im Südosten. Sympathisch hinterwälderisch wird es streckenweise im Inland. Staubige Pisten streifen Bruchsteinmauern oder enden auf einmal vor einsamen Anwesen. Hier kommt, zumindest außerhalb der Hochsaison, Formentera-Feeling wie zu besten Blumenkinderzeiten auf, als manches noch unentdeckt war und die salzige Seeluft noch so richtig nach Freiheit und Abenteuer schmeckte.

ES PUJOLS

(130 C4–5) (*E8*) **Es Pujols (1000 Ew.) ist Formenteras Ferienzentrum mit eigenem Strand und einer geschmackvoll aufbereiteten Meerespromenade, an der sich reichlich Einkehrtempel aufreihen. Natürliches Hauptkapital ist die geschützte Flachwasserbucht.**

Unternehmungslustige finden lohnende Ziele in der Nähe: den Seewanderweg

FORMENTERA

am *Estany Pudent* oder weitere Strände wie *Llevant* und *Illetes*. Eher verzichtbar ist ein Abstecher zur *Torre de Punta Prima*, einem Wehrturm aus dem 18. Jh., den Sie bereits von der Meeresfront aus sehen; die Restaurierung hat dem klobigen Riesen seine Ursprünglichkeit geraubt. Unterkunft in Es Pujols bieten eine ganze Reihe von Hotels, Gasthäusern und Apartmentblocks. Während der Saison öffnen auch Auto-, Vespa- und Radverleiher ihre Türen. Die Ortsumgehung und ein großer Parkplatz am Rand von Es Pujols sorgen dann für Entlastung. Zusätzlich Stimmung in den Ort bringt der allabendlich von 20 bis 24 Uhr terminierte Hippiemarkt *(Mai–Sept.)*.

ESSEN & TRINKEN

CAFETERÍA ESPARDELL
Ob zum Frühstück, zum Tellergericht am Mittag oder zum Cocktail am Abend – hier ist Einkehr zu jeder Tageszeit möglich. *April–Okt. tgl. | Passeig Marítim | Tel. 9 71 32 83 57 | €–€€*

STRÄNDE

Bezieht man die Küstenabschnitte bis hinauf zur 3 km entfernten *Platja de Llevant* mit ein, schöpft Es Pujols strandmäßig aus dem Vollen. Zunächst dehnt sich der angenehme Hausstrand, die *Platja d'es Pujols*, nordwestwärts an die Felsenlandzunge mit dem Hotel *Roca Bella* heran. Wer schattenlose Märsche nicht scheut, sollte von dort aus **INSIDER TIPP** den Küstenstreifen weiter zu Fuß erkunden – es lohnt sich! Nachdem Sie hinter dem Hotel eine kleine, felsenflankierte Bucht mit Bootsschuppen rechts liegen gelassen haben, erreichen Sie weitere kleine Strandabschnitte. Mal führen Holzstege an den Dünen vorbei, mal gehen Sie an der felsig zergliederten Küste ein Stück durch Sand. Der Weg, immer parallel zur Küste, ist nicht zu verfehlen. Suchen Sie sich ein romantisches Plätzchen zwischen den Felsen oder an einer der Buchten. Am Ende eröffnen sich die Weiten der ★ *Platja de Llevant*, das Ziel der Strandfans und Sonnenanbeter, vor allem der Hüllenlosen. Landeinwärts verläuft ein breiter Dünengürtel in Richtung Salinen, Treffpunkt vieler ist das Strandrestaurant *Tanga (Mai–Okt. | Tel. 9 71 18 79 05 | €€)*. Bis zum davor gelegenen Parkplatz ist eine Anfahrt an die Platja de Llevant möglich. Dieser nordöstliche Traumstrand ist ca. 1,5 km lang, das Wasser glasklar, der Einstieg gefahrlos.

MARCO POLO HIGHLIGHTS

★ **Platja de Llevant**
Ein sandiger Traum an der Nordostspitze der Insel → S. 83

★ **Camí de Sa Pujada**
Traumaussicht auf dem Wanderweg zwischen Küsten- und Hochebene → S. 84

★ **La Mola**
Hochebene mit Leuchtturm, schönen Ausblicken, Kunsthandwerkermarkt → S. 85

★ **Platja de Mitjorn**
Felsen, Dünen, Sand und beliebte Beachtreffs → S. 87

★ **Platja de ses Illetes**
Mit diesem Strand zeigt sich die Insel von ihrer Schokoladenseite → S. 90

★ **Cap de Barbaria**
Rau, faszinierend: die Küstengegend um Formenteras südliches Kap → S. 93

ES PUJOLS

FREIZEIT & SPORT

Wasseraktivitäten (Katamaran, Windsurfen) während der Saison im *Centro Wet Four Fun (Platja d'es Pujols | Handy 6 09 76 60 84 | www.wet4fun.com)*.

AM ABEND

Alles konzentriert sich auf den *Carrer Roca Plana*, wo man im Sommer kaum ein Durchkommen findet. Musik und Drinks im *Pachanka* (nicht billig!), eine Alternative ist nebenan die *Coyote Bar (www.coyoteformentera.com)*.

ÜBERNACHTEN

ROCA BELLA
Flachbaukomplex auf einer felsigen Landzunge, ein paar Hundert Meter vom Ortsrand und nur zwei Gehminuten vom Strand entfernt. Mit kleinem Pool, nur Ende April bis Ende Okt. geöffnet. *76 Zi. | Platja d'es Pujols | Tel. 9 71 32 80 19 | www.zulmarhotels.com | €€–€€€*

SA VOLTA
Das Hostal im Ortskern überrascht mit einem Pool und Liegeflächen auf der Dachterrasse. Einfache Zimmer mit Balkonen; buchen Sie wegen der Straße ein Zimmer am besten im dritten Stock! Im Unterbereich Restaurant und Cafeteria, die sich im Vergleich zur Unterkunft durch ein zivileres Preisniveau auszeichnen *(€–€€)*. Übernachtungspreise inklusive Frühstück. *Okt.–Mitte März geschl. | 25 Zi. | Carrer Miramar 94 | Tel. 9 71 32 81 25 | www.savolta.com | €€–€€€*

AUSKUNFT

OFICINA D'INFORMACIÓ TURÍSTICA
Carrer Espalmador/Ecke Av. Miramar | Mai–Okt. | Tel. 9 71 32 20 57

ZIELE IN DER UMGEBUNG

CAMÍ DE SA PUJADA ★ ●
(131 D5–6) (*F9*)
Traumhaft, aber anstrengend: Auf 1,8 km Länge überbrückt der „grüne Weg" Camí de Sa Pujada die Höhendifferenz zwischen Formenteras Küsten- und Hochebene. Wählen Sie am besten das obere Ende als Einstieg, da Sie Ihr Gefährt auf dem steinigen Parkplatz an der Hauptstraße abstellen können. Folgen Sie dem ausgeschilderten Wanderweg abwärts durch Kiefernforst, steigern Sie Ihre Vorfreude mit jedem Schritt hinab – denn bald erwarten Sie ☼ Panoramatrassen, die bei klarer Sicht kaum etwas aussparen! Der Blick schweift über die blau bis türkis schimmernden Wasserflächen und über weite Teile der Insel. Hier bekommen Sie eine kostenlose Lektion in Inselgeografie, sehen, wie sich Formentera in der Mitte zusammenzieht und zwischen Cap de Barbaria und Punta Prima verbreitert. Im Hintergrund machen Sie die Silhouette Ibizas aus. Der spätere Aufstieg zurück zum Parkplatz wird Sie manche Schweißperle kosten. Den Parkplatz am oberen Einstieg des Camí de Sa Pujada finden Sie nahe Kilometerstein 15 zwischen Es Caló de Sant Agustí und El Pilar de la Mola, von der kurvigen Küstenauffahrt her auf der linken Seite.

INSIDER TIPP ▶ CAMÍ DE S'ESTANY/ESTANY PUDENT
(130 C4–5) (*E8*)
Der Seerandweg *Camí de s'Estany* an den Süd- und Westflanken des Estany Pudent ist für Radler, Wanderer und Jogger geeignet. Schatten werden Sie allerdings vergeblich suchen! Den ausgeschilderten Einstieg finden Sie am westlichen Ortsrand von Es Pujols an der Durchgangsstraße nach La Savina. Die einfache Strecke bis zum Hafen von La Savina beträgt 3,5 km (s. auch „Ausflüge & Touren").

FORMENTERA

Mode, Schmuck, Accessoires: Kunsthandwerkermarkt in El Pilar de la Mola

Zu Beginn fällt der Erdweg sanft ans Seeufer ab und zieht sich fortan mal näher, mal weiter am *Estany Pudent*, dem „Stinkenden See", entlang. Kein fauler Schwindel ist, dass Formenteras Binnenmeer an heißen Tagen seinem Namen alle Ehre macht; mit Glück bleibt's jedoch geruchsfrei. Während in Ihrem Rücken die kleine Apartmentfront von Es Pujols ausläuft, bleibt der Blick voraus unverbaut. Mit gutem Auge (besser mit Fernglas) machen Sie Möwen und andere Seevögel, mitunter sogar Flamingos aus. Büsche und Blumen säumen den Pfad, gelegentlich huscht eine Eidechse unter die Steine. Später künden Steinmäuerchen und kalkweiße Villen die nahende Zivilisation in Form von Sa Savina an; am Ende des *Camí* schauen Sie rechts auf die Salinen. Wer Sa Savina noch nicht richtig kennt, sollte die Tour bis zum Hafen oder an die Ufer des benachbarten *Estany des Peix* ausdehnen; Rückkehr auf derselben Strecke oder Rückfahrt mit dem Linienbus.

CAN NA COSTA (130 C4) (*E8*)

Die eher unspektakuläre megalithische Grabstätte liegt ca. 1 km nordwestlich von Es Pujols (kurzer Abzweig von der Straße). Die hier gefundenen Knochenreste stammen aus der Zeit ca. 1900–1600 v. Chr. *Besichtigung nur von außen möglich*

EL PILAR DE LA MOLA (131 E6) (*F9*)

Hauptort (400 Ew.) der Hochebene ★ *La Mola*, die seit ehedem in Rivalität zum Rest Formenteras steht. Für viele Insulaner markieren die knapp 200 Höhenmeter einen gewaltigen Schnitt zu „denen da oben". An der Ortsdurchgangsstraße reiht sich alles Wichtige auf: ein paar Geschäfte und Cafés, die kalkweiße Kirche (18./19. Jh.) und das Gelände des von Mai bis Oktober So und Mi jeweils ca. 16–21.30 Uhr stattfindenden Kunsthandwerkermarkts *(Mercat Artesà)*. An den Ständen bietet man Schmuck, Kleider, kulinarische Produkte und alle möglichen Kunsterzeugnis-

ES PUJOLS

Leuchtturm Far de la Mola an der Punta de sa Ruda

se feil, Rahmenprogramm bieten Musik und kleine Shows. Nette Einkehr an der Hauptstraße im Restaurante *Pequeña Isla (geöffnet Juni–Jan., im Regelfall tgl. | Av. El Pilar 101 | Tel. 9 71 32 70 68 | www.pequenaisla.com | €€€).* Spezialitäten sind Grillgerichte, Fisch gibt es auch aus dem Ofen.

In El Pilar de la Mola startet und endet der für Wanderer wie Radler geeignete „Grüne Weg" La Mola, der auf einer Gesamtlänge von 10,7 km durch ländliches Gebiet führt. Zur Hochebene La Mola gehören winzige Weinbauflächen, die am Ortsrand von El Pilar 1778 erbaute Windmühle *(Molí Vell de la Mola)* sowie der *Far de la Mola*, ein 2,5 km entfernter Leuchtturm, den man bereits an der Ortsausfahrt aus El Pilar de la Mola erkennt und der das Ende des Inselostens markiert. Hier fallen die Klippen über 100 m tief ab, hier nehmen Sie traumhafte Blicke über die See in sich auf. Am Parkplatz vor dem Leuchtturm erinnert ein Monument an den berühmten Science-Fiction-Autor Jules Verne (1828–1905), der die schroffe Gegend in seinem Roman „Reise durch das Sonnensystem" als Schauplatz verarbeitet hat. Bis zum Parkplatz vor dem Leuchtturm INSIDERTIPP verkehrt eine Buslinie.

ES CALÓ DE SANT AGUSTÍ
(131 D5) (*F9*)

Es Caló de Sant Agustí (200 Ew.) liegt an der Hauptstraße von Sant Francesc nach El Pilar und ist das letzte Örtchen in der Ebene, bevor die Straße kurvenreich zur Hochebene La Mola aufsteigt. Die gut ausgebaute Hauptstraße zieht sich lang gestreckt in die Weite, unterwegs führen Stichwege an die *Platja de Mitjorn*.

Fischliebhaber schnalzen mit der Zunge, wenn sie von Es Caló de Sant Agustí hören. Hier schwören sie auf das fangfrisch zubereitete Meeresgetier, vor allem im Restaurant *Ca'n Rafalet (Ende Okt.–Ostern geschl., sonst tgl. | Tel. 9 71 32 70 77 | €€–€€€),* wo es die schönen Küstenaussichten von der Terrasse als Beigabe gibt. Doch auch ohne kulinarische Absichten lohnt sich ein Stopp. Wer die Minibucht mit den Fischerbootsschuppen umrundet, gerät auf den Holzweg – aber einen der guten Art! INSIDERTIPP Der Plankenpfad zieht sich ein Stück durch die Dünen und führt an Ses Platgetes heran, die „Strändchen", ein Miteinander aus winzigen Buchten und Sandabschnitten. In Es Caló stehen während der

FORMENTERA

Saison einige Übernachtungsmöglichkeiten zur Wahl, darunter kleine Apartmentanlagen und das *Hostal Rafalet (15 Zi. | Tel. 9 71 32 70 16 | www.hostal-rafalet.com | €€)*. 8 km südöstlich von Es Pujols

PLATJA DE MITJORN ★
(130–131 C–D 5–6) (*E–F9*)

Kilometerlanger Strand im Süden der Insel, unterbrochen von diversen Felsabschnitten und Buchten, im Rücken Dünen oder Kiefernwälder. Ab der Hauptstraße Sant Ferràn–El Pilar de la Mola führen immer wieder Abzweige (teils staubig, steinig und schlaglochdurchsetzt!) zu Restaurants, Bartreffs und Hotels an der Platja de Mitjorn, die mitunter auch *Migjorn* geschrieben wird. Gelegentlich müssen Sie mit angespültem Seegras rechnen, außerdem ist beim Baden wegen möglicher Strömungen Vorsicht angebracht. Hier können Sie sich im Adams- und Evaskostüm den Strandfreuden hingeben oder sich ein Plätzchen zwischen Felsenzungen oder in einem legendären Beachtempel wie der *Blue Bar (www.bluebarformentera.com)* suchen – am besten bei Sonnenuntergang und einem Cocktail! Am Abend geht in der Saison die Partypost mit Musik und Tanz und Events jeder Art ab. Alternativ oder ergänzend: *Piratabús (www.piratabus.com)* und der Beachclub *Gecko (Ca Marí | www.geckobeachclub.com)*. Unter den Restaurants genießt das *Vogamarí (in der Saison meist tgl. | Tel. 9 71 32 90 53 | www.vogamari.es | €€€)* mit Reis- und Fischgerichten einen guten Ruf.

Nahe der südöstlichsten Strandausläufer *(auch bekannt als Platja d'es Copinar)* liegen zwei Großanlagen, die ihre Pforten nur während der wärmeren Monate öffnen: das Vier-Sterne-Hotel *Riu La Mola (328 Zi. | Tel. 9 02 40 05 02 | www.riulamola.com | €€€)* mit entsprechendem Komfort, Spa Center, Sport- und Animationsangebot sowie der unter Familien beliebte Insotel-Club *Maryland (325 Einheiten | Tel. 9 71 32 70 70 | www.insotelhotelgroup.com | €€€)* mit Bunga-

Schirme und Liegen warten an der Platja de Mitjorn auf Sonnenanbeter

LA SAVINA

lows. Ebenfalls zur Insotel-Gruppe gehört der Vier-Sterne-Kasten *Formentera Playa (Mai–Okt. | 333 Zi. | Tel. 9 71 32 80 00 | www.insotelhotelgroup.com | €€€)*, der sich im nordwestlichen Strandteil Ca Marí ans Meer schiebt und mehrere Zimmertypen, ein Hallenbad und zwei Freiluftpools bietet. Tauchtrips über *Orcasub (am Insotel-Hotel Formentera Playa | Tel. 9 71 32 80 01 | www.orcasub.com)*.

LA SAVINA

(130 C4) (*D8*) **Den Inseleinstieg für alle Besucher bildet ● Port de La Savina (vereinzelt auch: Sa Savina) mit regem Bootsverkehr nach Ibiza, dessen Hügelrücken in der Ferne im Blickfeld bleiben.**

LOW BUDG€T

▶ Räder zu leihen ist günstig auf Formentera. Mountain- und Trekkingbikes kosten ab ca. 9 Euro/Tag und 34 Euro/Woche; einfache Modelle können billiger sein. Für ein E-Bike müssen Sie mit 25 Euro/Tag rechnen. Verleih u. a. bei *Moto Rent Mitjorn (Tel. 9 71 32 11 11 | www.motorentmitjorn.com)* am Hafen von La Savina und bei *Moto Rent Pujols (Filialen in Es Pujols und am Hafen | Tel. 9 71 32 21 38 | www.motorentpujols.com)*.

▶ Wer am Südostende der Platja de Mitjorn (nahe Hotel *Riu*) den Wegen über die Felsen folgt, wird nicht nur mit der Aussicht belohnt. An der Caló des Mort liegt mit dem *Chiringuito de Bartolo* die letzte echte Strandbude der Insel *(Snacks, Drinks)*.

Der schöne Hafen *(www.marinadeformentera.com)* ist weit ausgeufert und schluckt die Flut der Fahrzeug- und Personenfähren, der Segel-, Fischer- und Motorboote. Rundherum reiht sich in geschäftigem Sommertreiben alles Überlebensnotwendige auf: Cafés, Restaurants, Bars, Rad-, Vespa-, Autoverleiher. Der Ort selbst ist klein (500 Ew.), dehnt sich aber weit ins Inland aus. Im Südwesten stößt er an den *Estany des Peix* mit seinen vielen dümpelnden Booten, im Südosten an einige Salinen. Der große *Estany Pudent* liegt zum Greifen nah und ist nach ca. 10 Min. problemlos zu Fuß erreichbar.

Länger dauert der Marsch an die rund 3,5 km nordöstlich gelegene *Platja de ses Illetes*, einen traumhaften Inselstrand. Wer sich fit fühlt und als Tagesausflügler ab Ibiza gute Strand- und Inselimpressionen sammeln will, braucht sich nicht einmal ein Rad oder Auto zu mieten! Auch zum zweiten Traumstrand, der *Platja de Llevant*, können Sie ab La Savina marschieren; siehe Wandertour im Kapitel „Ausflüge & Touren".

ESSEN & TRINKEN

BELLAVISTA
Anständige Küche, Plätze auf der Terrasse oder drinnen hinter den großen Fensterfronten. Menü mittags und abends. Spezialitäten sind Reis- und Fischgerichte. Im angrenzenden Barbereich sieht man so manche Einheimische schon morgens um neun ihre Cognacs kippen. *Tgl. | Port de La Savina | Tel. 9 71 32 33 24 | €–€€*

FREIZEIT & SPORT

Der Hafen von La Savina öffnet sich als Tor der 1001 Möglichkeiten. Nahe der Fähranlegestaion erwartet Sie eine kleine Armada an Fahrradverleihern – und der Drahtesel ist tatsächlich ein hervorra-

FORMENTERA

Essen mit Blick auf dümpelnde Boote – Restaurant am Hafen von La Savina

gendes Verkehrsmittel zur Erkundung der Insel! Sparen Sie nicht am falschen Ende. Räder ohne Gangschaltung sind preiswerter, doch mit denen wird man die Auffahrt zur Hochebene La Mola schwerlich schaffen; auch zum Cap de Barbaria wäre es „ohne" allzu mühsam. In der Saison starten Zubringerboote vom Hafen aus zur Insel S'Espalmador. Verleih von Seekajaks, Segelbooten und Brettern für Stand Up Paddle Surf, außerdem organisierte Seekajaktouren bei *4 Nómadas/Escuela Municipal de Vela (Carrer Almadrava 60 | Handy 627478452 | www.4nomadas.com)*.

AM ABEND

INSIDER TIPP ART CAFÉ
Etwas abseits vom Hauptgeschehen gelegener Hafentreff, auch Mahlzeiten, Tellergerichte, Häppchen. *Tgl. | Port de La Savina | Tel. 971323266 | €*

ÜBERNACHTEN

BAHÍA
Nettes Zwei-Sterne-Hotel von solider Qualität im Hafenbereich – hier stecken Sie mittendrin im Geschehen! Alle Zimmer mit Bad. WLAN, Restaurant. *33 Zi. | Mitte Dez.–Mitte Feb. geschl. | Port de La Savina | Tel. 971322142 | www.hbahia.com | €€*

BELLAVISTA
Im Verbund mit dem gleichnamigen Restaurant familiengeführtes Drei-Sterne-Hostal, das so manches Zwei-Sterne-Hotel übertrifft. Entsprechend sind allerdings auch die Preise. Am besten, Sie buchen ein INSIDER TIPP Zimmer mit Blick auf den direkt vor der Tür liegenden Hafen. Sauber, gepflegt, ganzjährig geöffnet. *38 Zi. | Port de La Savina | Tel. 971323324 | www.hostal-bellavista.com | €€*

LA SAVINA

Parade der Luxusyachten vor der Platja de ses Illetes

AUSKUNFT

OFICINA D'INFORMACIÓ TURÍSTICA
im Hafen direkt hinter dem Fähranleger im Glasgebäude | Tel. 9 71 32 20 57 | www.formentera.es

ZIELE IN DER UMGEBUNG

ILLA DE S'ESPALMADOR
(130 C3) (*D–E7*)
Formenteras nördlicher Inselspitze vorgelagertes Felseneiland, einst Piratenunterschlupf, heute im Sommer ein beliebtes Seglerrevier. Auf der Insel erhebt sich die klobige *Torre de s'Espalmador*, ein Wachturm aus dem 18. Jh. Espalmador ist in der Saison mit Booten ab La Savina erreichbar.

PLATJA DE SES ILLETES ★
(130 C4) (*E7*)
Top-Strandareal im Norden, das wegen seines feinen Sandes und des klaren Wassers gerühmt wird. Die Strandgebiete schirmen nach Westen hin jenen flachen Landfortsatz ab, der wie eine Nadelspitze ins Meer sticht und auf die Insel Espalmador zu enger und felsiger wird. Ab La Savina erreichen Sie die *Platja de ses Illetes* entweder motorisiert (Landstraße Richtung Es Pujols, dann links auf eine Piste; Zufahrt gebührenpflichtig), mit dem Rad oder zu Fuß (erstes Streckenstück ab dem Hafen über einen Dammweg). Auf dem *Camí de Sa Guía* kommen Sie an den alten Salzbecken vorbei, die ebenso wie die Platja de ses Illetes, die *Platja Es Cavall d'en Borrás* und die *Platja de Llevant* zum Salinen-Naturschutzgebiet gehören. Hier lernen Sie einen besonders schönen Teil kennen, zu dem auch Kiefern- und Dünenzonen gehören. Bis zum nördlichen Endpunkt der Piste locken einige Restaurants und Beachbars am Wege, doch Parkraum ist knapp. Es verkehrt eine Buslinie bis Illetes. Die alte Salzmühle dient heute als Spitzenrestaurant *Es Molí de Sal* (Tel. 9 71 18 74 91 | www.esmolidesal.es | €€€). Als Mekka der Jugend sticht die Beachbar ● *Big Sur* hervor, zwischen La Savina und der Platja de ses Illetes an der *Platja Es Cavall d'en Borrás* gelegen. Hier

FORMENTERA

1,75 km südwestl. gelegenen Torre de La Gavina. Der Verteidigungsturm (18. Jh.) sitzt der gleichnamigen Landzunge auf, von der Sie ☼ schöne Blicke nach Ibiza haben. Pfosten mit Pfeilen weisen den Weg durch Strauch- und Baumland. Allerdings ist die Beschilderung nicht überall einwandfrei; unterwegs splittet sich der Pfad in zwei gleich lange Varianten – eine führt direkt Richtung Küste, die andere am Waldsaum entlang.

SANT FRANCESC

(130 C5) (*m* E8) Passend zu Formentera zeigt sich die Hauptstadt Sant Francesc (auch: Sant Francesc Xavier; 2000 Ew.) in jeder Hinsicht beschaulich. Wegen seiner Lage im Inland trägt das Städtchen nicht den Charakter eines Touristenzentrums.

Es ist eher die Wohn- und Einkaufsstadt der Insulaner, die hier Behördengänge erledigen, zur Post oder in die Bibliothek gehen. Oder in die Bars … Im Zentrum breitet sich die mit Palmen aufgemachte *Plaça de sa Constitució* aus, an der auch die Kirche und das Rathaus liegen. Unterhalb des Platzes fließt die Fußgängerzone

trifft man sich im Sommer zur chilligen Sonnenuntergangsparty.

INSIDER TIPP ▶ TORRE DE LA GAVINA
(130 B5) (*m* D8)
Die kleine Wandertour beginnt am Picknickplatz *(Area recreativa) Can Marroig;* ausgeschilderte Anfahrt ab La Savina um die Süd- und Westufer des *Estany des Peix* und dann noch ein Stück aufwärts in den Wald. Am Picknickgelände, das schön von Kiefern und Wacholder eingefasst ist, weist ein Schild zur

GRÜNE STRECKEN

Naturschutz wird auf Formentera groß geschrieben, das Bewusstsein hat sich im Laufe der Zeiten verändert. Ins Bild passen die *circuits verds:* ausgewiesene „Grüne Strecken" für Wanderer und/oder Radler, die zu Entdeckungstouren in der Natur einladen. Auf der Insel ist ein Plan mit insgesamt zwölf verzeichneten Vorschlägen erhältlich. Aufgeführt sind Touren von 1,3 bis 10,7 km Länge. Vor Ort ist allerdings eine eindeutige Beschilderung nicht überall gegeben. Highlights sind der *Camí de Sa Pujada* und der Seerandweg an den Süd- und Westufern des Estany Pudent entlang.

SANT FRANCESC

Trachtenpuppe im Museu Etnogràfic

Carrer de Jaume I ab, an der sich einige Läden aufreihen. Dort befindet sich auch ein kleines Volkskundemuseum, das *Museu Etnogràfic (Mo–Fr 9.30–14 und 17–19, Sa 10–14 Uhr)*. Auch wenn die Bummelzonen nicht allzu ausgedehnt sind – auswärtige Besucher finden durchaus nette Einkaufsmöglichkeiten.

SEHENSWERTES

ESGLÉSIA DE SANT FRANCESC XAVIER
Festungsartiger Kirchenbau mit Glocken- und Kreuzaufsatz, 1726–38 erbaut. Das Gotteshaus ist dem hl. Franz Xaver geweiht, dem großen Jesuitenmissionar des Fernen Ostens, der bei seinen Evangelisierungsbemühungen 1552 in China verstarb. *Plaça de sa Constitució*

ESSEN & TRINKEN

INSIDER TIPP ▶ PA I VI
Unter Einheimischen beliebt. Preisgünstiges Mittagsmenü, à la carte Spießchen, Lamm. *Mo geschl. | Carrer Antoni Blanc 23 | Tel. 971 32 33 23 | €*

ÜBERNACHTEN

CASA RAFAL
Einfache, günstige Zimmer in diesem Gasthaus *(casa de huéspedes)* nahe der Kirche. Alle Zimmer mit Bad, Frühstück inklusive. Restaurant mit gutem Preis-Leistungs-Verhältnis. *16 Zi. | Weihnachten und Jan. geschl. | Carrer Isidoro Macabich 10 | Tel. 971 32 22 05 | www.casarafal.com | €*

ES MARÈS
Ebenso elegantes wie hochpreisiges Hotel, was das ganze Jahr öffnet. Mit Spa und Restaurant. *18 Zi. | Carrer Santa Maria 15 | Tel. 971 32 32 16 | www.hotelesmares.com | €€€*

ZIELE IN DER UMGEBUNG

CALA SAONA (130 B5) (*D8*)
Beliebte, isoliert gelegene Badebucht im Inselwesten mit 150 m langem Sandstrand, Felsenflanken und Bootsschuppen. Das Zubringersträßchen führt durch dünn besiedeltes Gebiet, das seinen ländlichen Charme bewahrt hat. Im Sommer zeigt sich das Meer in seinen verführerischsten Farben; während der kühleren Jahreszeit ist der Strand nicht selten von vertrocknetem Seegras übersät. Am Abgang zum Strand wirft sich das Hotel *Cala Saona (116 Zi. | Ende Mai–Ende Sept. | Tel. 971 32 20 30 | www.hotelcalasaona.com | €€€)* auf, ein breiter Drei-Sterne-Kasten mit Pool. *6 km südwestl. von Sant Francesc (ausgeschil-*

FORMENTERA

derter Rechtsabzweig an der Straße Richtung Cap de Barbaria)

CAP DE BARBARIA ★ ☼
(130 B6) (*m D9*)
Südlichster Zipfel Formenteras mit einer spektakulären Felsenküste und einem Leuchtturm, der sich aus einem Mauerverbund erhebt. Ein idealer Platz für die Sonnenuntergangsstimmung! Allein die Anfahrt zum schroffen *Barbaria-Kap* lohnt den Weg. Südlich von Sant Francesc zieht sich die Straße an Feldern und Kiefernhainen vorbei, am Wege liegen Megalithreste aus dem 2. vorchristlichen Jahrtausend. Allmählich ebbt die Besiedlung ab, ehe sich die Asphaltader durch die Hochebene *Pla del Rei* zieht. Am Ende ragt der Leuchtturm, der *Far des Cap de Barbaria*, wie ein einsamer Wächter aus der kargen Landschaft. Die Felsenküste ist als Habitat wie geschaffen für den Balearen-Sturmtaucher *(puffinus mauretanicus)*, einen Seevogel, der sich einzig auf den Balearen fortpflanzt; im Sommer zieht er in kühlere Gebiete. Auch Falken, Korallen- und Weißkopfmöwen kann man hier beobachten. Am Leuchtturm schweift der Blick übers Meer, aus 80 m Tiefe dringt das Geräusch des Wellenschlags herauf. Genießen Sie alles mit Vorsicht, denn an den Felsabstürzen geht es ungeschützt abwärts! Ein Schild weist den Weg zur nordöstlich gelegenen *Torre des Cap de Barbaria* (auch: *Torre des Garroveret*), einem gedrungenen Wachturm aus dem 18. Jh. (10 Gehmin. vom Parkplatz). Dieser ☼ Spaziergang bietet neuerlich schöne Ausblicke. *9 km südl. von Sant Francesc*

SANT FERRÀN DE SES ROQUES
(130 C5) (*m E8*)
Ort (600 Ew.) mit sagenumwobener Hippievergangenheit. Dazu gehört die *Fonda Pepe (Mai–Okt. | Tel. 9 71 32 80 33 | €)*, ein soziokultureller Kneipentreff, der im Ortskern die Zeiten überdauert hat und eine bunte Gästeschar anlockt. Ansonsten hält sich die Zugkraft Sant Ferràns in Grenzen, beschränkt sich auf den *Carrer Major* und den netten Platz vor der Kirche. An der Hauptstraße Sant Francesc–La Mola liegt das gut geführte Hostal *Illes Pitiüses (Nov. geschl. | 26 Zi. | Av. Juan Castelló Guasch 48 | Tel. 9 71 32 81 89 | www.illespitiuses.com | €–€€)*, wo Sie ein ruhigeres Zimmer nach hinten hinaus nehmen sollten; mit Restaurant. *2,5 km östl. von Sant Francesc*

NÜTZLICHE MEERESWÄLDER

Eine untermeerische Besonderheit ist das Neptungras *Posidonia oceanica,* das häufig fälschlicherweise für Algen gehalten wird. Die küstennah wachsenden Seegräser bilden unter Wasser regelrechte Wälder und Wiesen, tragen lange Stängel und Blätter und erfüllen wichtige Funktionen: Sie sorgen für Sauerstoffzufuhr im maritimem Ökosystem, schwächen Wellenbewegungen ab, bewirken Sandablagerungen, schützen die Küste vor Erosion und bieten Fischen willkommene Laichstätten. Mitunter werden die Pflanzen ans Ufer gespült und verbreiten dann herbe Gerüche. Das mag ein wenig abstoßend wirken, deutet im Grunde aber auf ein gesundes Gewässer hin. Dank der reinigenden Wirkung der Neptungraswiesen ist das Meer so kristallklar.

AUSFLÜGE & TOUREN

Die Touren sind im Reiseatlas, in der Faltkarte und auf dem hinteren Umschlag grün markiert

1 TRAUMHAFTE STRÄNDE UND BUCHTEN

Auf Küstentrip durch Ibizas Südwesten: Picknickkorb, Sonnenschutz, Badezeug und -schuhe nicht vergessen! Planen Sie einen Tag ein, starten Sie in Eivissa. Dort nehmen Sie Kurs auf folgende Strände/Buchten: Platja d'es Cavallet, Sa Caleta, Cala d'Hort, Cala Vadella. Rückfahrt über Sant Josep; Gesamtstrecke: 66 km.

Ihre Rundfahrt zu einer Top-Auswahl ibizenkischer Strandperlen beginnt in Eivissa. Auf der Stadtumgehung E-20 geht es in südwestlicher Richtung nach **Sant Jordi de ses Salines**, dort ist die Ausfahrt ausgeschildert zur **Platja d'es Cavallet** (etwa 11 km hin und zurück). Zur Rechten liegen der Flughafen und die Salinen, unterwegs passieren Sie **Sant Francesc de S'Estany** mit seiner winzigen Kirche (18. Jh.) und erreichen ein Stück weiter den Linksabzweig zum Strand. Das **INSIDER TIPP** Zubringersträßchen verläuft traumhaft schön an weiteren Salinen vorbei und endet an einem Parkplatz (in der Saison gebührenpflichtig), wo Strand und Meer greifbar nah liegen – und das Beachrestaurant El Chiringuito (€€) auch. Die sandige **Platja d'es Cavallet → S. 48** war einst der erste FKK-Strand der Insel und hat sich so oder so die Reize bewahrt. Ins Bild gehören die sandigen Weiten, kleine Felsenabschnitte und Dünen. Die Gaykolonie tummelt sich an den südlichen Strandabschnitten Richtung Felsen.

Bild: Blick von der Torre del Pirata auf die Inseln Es Vedrà und Es Vedranell

Touren zu einsamen Dörfern, Stränden und Salinen und ein Aufstieg auf Ibizas Bergriesen Sa Talaia

Nach der Rückfahrt auf Sant Jordi zu folgen Sie der Straße zum Flughafen, kurz vor dem Airport biegen Sie dann rechts ab Richtung Sant Josep de sa Talaia. Bald sehen Sie auch das Schild nach Sa Caleta, das Sie links auf ein Sträßchen durch ländliches Gebiet führt. Agaven und Feigenbäume wechseln sich ab mit Mandel- und Olivenbäumen. Ein kurzer, ausgewiesener Abzweig bringt Sie hinab nach **Sa Caleta → S. 63**, einer steinigen Bucht mit dekorativen rötlichen Felswandkulissen. Zur Mittagszeit bietet sich das Fischrestaurant *Sa Caleta (tgl., Okt.–Juni abends geschl. | Tel. 9 71 18 70 95 | €€€)* zur Einkehr an.

Von Sa Caleta kehren Sie auf die Straße zurück, die Sie nun landeinwärts durch `INSIDER TIPP` herrliche Kieferngebiete Richtung Sant Josep de sa Talaia trägt – echt malerisch! Bald erreichen Sie eine T-Kreuzung, dort geht es links weiter auf der PM-803 auf Sant Josep und den breiten Bergbuckel des Sa Talaia zu. So weit fahren Sie aber nicht, sondern folgen nach 1,6 km dem Linksabzweig nach Es

Cubells/Es Torrent. Ihr nächstes Ziel ist die Cala d'Hort, auf der Fahrt nehmen Sie wieder Eindrücke des ländlichen Ibiza in sich auf: Mandel- und Eukalyptusbäume, Wiesen mit verstreuten Feigenbäumen, kleine Feldparzellen, Kiefernforste, grob gefügte Steinmauern, Blicke auf Berge und das Meer. An die ☼ **Cala d'Hort → S. 62** geht es kontinuierlich abwärts, im letzten Abschnitt sehr steil. An der kleinen, steinigen Bucht erwarten Sie Kulissen aus Klippen und Sand; der Traumblick auf die vorgelagerten und mythenumwobenen Felsenzauberinseln **Es Vedranell** und **Es Vedrà** ist nicht zu toppen und rechtfertigt allein den Ausflug! Alternativ zu Sa Caleta bietet sich an der Cala d'Hort eine Einkehr im Panoramarestaurant *El Carmen (März–Okt. tgl. | Tel. 9 71 18 74 49 | €€–€€€)* an, wo es gute Paella gibt.

Auf der Sackgassenzufahrt an die Cala d'Hort kehren Sie ein Stück auf derselben Strecke aufwärts zurück. Dort folgen Sie dem Schild nach Sant Josep de sa Talaia und fahren später wieder ans Wasser hinab, an die **Cala Vadella → S. 63**. Die schöne sandige Badebucht bietet mit einigen Bars und Restaurants auch eine gute Auswahl für eine Stärkung. Nördlich der Cala Vadella zieht sich das Sträßchen oberhalb der Bootsschuppen bergauf und erlaubt ☼ lohnende Ausblicke über die felsig-zerfranste Küstenlinie hinweg aufs Meer. Jetzt kurven Sie an Villen und Kiefernwäldern vorbei durch das dünn besiedelte Hügelinland, umfahren die westlichen Bergmassen des 475-m-Riesen **Sa Talaia** und halten sich dabei immer Richtung Sant Josep de sa Talaia. Schließlich erreichen Sie wieder die PM-803; dort halten Sie sich rechts und gelangen nach 700 m in den Ortskern von **Sant Josep de sa Talaia → S. 60**. Wer mag, legt einen Barstopp im ansonsten nicht sonderlich aufregenden Ortskern ein. Andernfalls geht es geradewegs zurück nach Eivissa (ab hier noch 14 km).

Im Nordosten ist das Innere Ibizas noch weitgehend Bauernland

AUSFLÜGE & TOUREN

2 DER BERG RUFT – AUF DEN SA TALAIA

Die größte Höhe der Pityusen als echter Höhepunkt – ab Sant Josep de sa Talaia führt ein Aufstieg auf den 475 m hohen Sa Talaia. Einfache Strecke: rund 2,5 km, was für Durchschnittstrainierte 40–45 Minuten Marschzeit bedeutet. Adäquates Schuhwerk und Wasser nicht vergessen!

Nicht nur Kondition, auch ein wenig Entdeckergeist braucht es, um Ibizas Hauptberg zu bezwingen, denn die Beschilderung ist nicht immer eindeutig. Ab dem Ortskern von **Sant Josep de sa Talaia → S. 60** führt der Weg am Landhotel *Jardins de Palerm (Can Pujol d'en Cardona 34)* vorbei durch ein kleines Villengebiet, später dann nach rechts bergauf. Im Laufe der Tour erwarten Sie einige steile, steinige Stücke, zwischendurch erhaschen Sie erste Blicke aufs Meer. Da auf Markierungen des Wanderpfads nicht unbedingt Verlass ist, orientieren Sie sich im Zweifelsfall an den Antennenmasten, die dem Sa Talaia weithin sichtbar aufsitzen. Die Wegpassagen durch Kiefernforst entschädigen für den Verlust eines jeden Schweißtropfens, zur wärmeren Jahreszeit ist der Schatten im Wald eine Wohltat. An freien Stücken wuchern Sträucher und Lavendel, es geht über Wurzelwerk, Felsplatten. Mit steigender Höhe wird das Panorama grandioser und steigert sich bis zum Gipfel mit freier Sicht auf die Küsten.

3 IBIZAS LÄNDLICHE IDYLLE

Die Fun- und Partyinsel einmal ganz ohne Strände, die Touristenzentren in weiter Ferne? Nichts ist unmöglich auf Ibiza. Zumindest einen halben Tag sollten Sie für eine motorisierte Tour durch das dörfliche Abseits des Inlands einplanen – mehr noch, wenn Sie unterwegs einkehren wollen. Als Start- und Endpunkt dient Sant Antoni de Portmany, ab dort gehen Sie nordöstlich auf große Schleife. Stationen sind Santa Agnès de Corona, Sant Mateu d'Albarca, Sant Miquel de Balansat, Santa Gertrudis de Fruitera und Sant Rafel; Gesamtstrecke: 45 km.

Sie verlassen Sant Antoni de Portmany auf der PM-812 Richtung Santa Agnès de Corona. Das zunächst gut ausgebaute Stück geht bergwärts in ein schmales und äußerst kurviges Sträßchen über, das ansteigt und sich mitten hinein ins ländliche Inselidyll windet. An den Seiten ziehen Kiefern und Steinmäuerchen vorbei, Hügelbarrieren versperren den Blick aufs Meer. Mit Öl- und Johannisbrotbäumen entblättern sich die Facetten einer **INSIDER TIPP** typisch mediterranen Vegetation, die Intensität der Grüntöne ist an Jahreszeiten und Niederschläge gekoppelt. Zwischendurch gehen Feldwege ab zu Villen. Bald wird Sie das weite Panorama des Beckens von Santa Agnès de Corona begeistern. Begrenzt von sanften Höhenzügen, breitet sich ein Flickenteppich aus Mandelbaumhainen und verstreuten Anwesen aus. Eine lange Asphaltgerade führt mitten hinein nach **Santa Agnès de Corona → S. 59**, wo sich die Häuser zu einem Dörfchen verdichten. Schräg gegenüber der kalkweißen Kirchenfassade lädt die Terrassenbar *C'an Cosmi (Di und Nov.–Mai generell abends geschl. | €)* zur Einkehr ein. Direkt an der Kirche folgen Sie dem Schild nach Sant Mateu d'Albarca, die Straße verengt sich ein wenig. Mandelbäume und Steinmauerparzellen bleiben Wegbegleiter durch eine beschauliche Landschaft. Auf einer touristisch wenig ausgefahrenen Route spüren Sie den gänzlich anderen Welten Ibizas nach, einem Inbegriff der *tranquili-*

97

dad, wie man auf Spanisch sagt: der Stille und Ruhe. In der Gegend wechselt sich schwer zu bewirtschaftender Steingrund mit fruchtbarer Erde ab, auf der Avocados und Tomaten gedeihen, Kirsch- und Orangenbäume wachsen. Um Sant Mateu d'Albarca erwartet Sie ein neuerliches weites Becken, das angefüllt ist mit Weinbaukulturen.

Aus der Dorfmitte von Sant Mateu d'Albarca → S. 59 erhebt sich die kleine Kirche mit ihrem Bogenvorbau. Eine Einkehrmöglichkeit, nur etwa 200 m von der in Sichtweite bleibenden Kirche entfernt, bietet das nette und preiswerte Restaurant *Can Cires (Juni–Sept. tgl., sonst Di geschl. | Tel. 971805551)* mit seiner INSIDER TIPP schönen Terrasse. Empfehlenswert ist das Mittagsmenü an, doch es gibt auch Grillfleisch.

Auf der Weiterfahrt von Sant Mateu nach Sant Miquel zeigt Mutter Natur mit Kiefern und Olivenbäumen ihren Reichtum. Als Beilage gibt es Feigen-, Orangen- und Zitronenbäume – eine regelrechte Obstkammer! Besuchsziel über der weißen Häuserkulisse von Sant Miquel de Balansat → S. 71 ist die dominante Dorfkirche auf dem Hügel, eine der ältesten der ganzen Insel. Ins Innere des Gotteshauses hat die Moderne Ventilatoren hineingeweht, im Altarbereich ist Ortsnamensgeber Michael mit dem Schwert zu sehen. Während der Saison wird donnerstags gegen 18 Uhr vor dem Gotteshaus Folklore geboten, doch so punktgenau sollten Sie diese Tour nicht abstimmen – kommen Sie für diese Darbietung lieber noch einmal wieder! Ab dem Ort trägt Sie die gut ausgebaute PM-804 6 km weiter südwärts nach Santa Gertrudis. Zitrusplantagen, Feigen- und Apfelsinenbäume flankieren die Asphaltader. Ein Schild weist auf die Überfahrt des ausgetrockneten Riu de Santa Eulària.

In Santa Gertrudis de Fruitera → S. 70 stehen reichlich Parkflächen zur Verfügung, hier haben Sie wieder touristisch frequentiertere Zonen erreicht. Die aus dem 18. Jh. datierende Kirche ist einen Besuch wert. Tod und Leben liegen dicht beieinander, die Friedhofsmauern in Sichtweite der Bars. Drehen Sie eine Runde durch den Ort, stärken Sie sich mit Tapas, belegten Broten *(bocadillos)* oder Tellergerichten *(platos combinados)*. Eine beliebte Anlaufstelle ist die Bar *Costa,* doch es gibt noch weitere zur Auswahl.

Ab Santa Gertrudis folgen Sie zunächst der PM-804 südlich Richtung Eivissa, nach ca. 3 km geht es dann in einem Kreisverkehr rechts ab nach Sant Rafel de Forca → S. 64, der letzten Durchgangsstation der Tour. An der Ortsausfahrt Richtung Sant Antoni hat Töpfermeister Icardi sein Atelier; wer Qualitätskeramik sucht, wird hier fündig. Zurück nach Sant Antoni sind es ab hier noch 8 km. Dieses Teilstück ist schnell zurückgelegt, denn die Straße ist gut ausgebaut.

4 FORMENTERA: SEELUFT UND SALZBECKEN

Die Wanderung durch den Norden Formenteras bietet herrliche Natureindrücke. Ins Gepäck gehören Badezeug, Sonnenschutz und Trinkwasser; Vogelfreunde bringen ein Fernglas mit. Inklusive Restaurant- oder Schwimmstopps können Sie einen ganzen Tag veranschlagen; wer durchmarschiert, ist nach ca. drei Stunden wieder am Ausgangspunkt. Wegverlauf ab/bis La Savina: Salinen, Platja de Llevant, Es Pujols, Süd- und Westufer des Estany Pudent; Gesamtstrecke: 11 km.

Die Tour gibt Gelegenheit, die verschiedenen Landschaften Formenteras kennenzulernen: Salinen, Strände, Kiefern, Dünen, den großen Binnensee. Starten

AUSFLÜGE & TOUREN

Sie am Hafen von **La Savina** → S. 88, folgen Sie ganz am östlichen Ende einer kleinen Rampe auf einen erhöht gelegenen Dammweg, der für den Durchgangsverkehr gesperrt ist. Flach und breit zieht sich der 🥾 Weg in die Weite, erlaubt lohnende Blicke nach links an die Küste und nach rechts auf den **Estany Pudent** → S. 84. Nach etwa 1,5 km mündet der Weg auf eine breite, befahrbare Piste, dort links und an Salinen und windgebeugten Kiefern vorbei Richtung **Platja de ses Illetes** → S. 90. Ein dichter Wald- und Buschgürtel versperrt Sicht und Zugang zur See, die sich erst auf Höhe des Nobelrestaurants *Es Molí de Sal (Mai–Sept. | Tel. 9 71 18 74 91 | www.esmolidesal.es | €€€)* wieder zeigt. Folgen Sie an einer Gabelung dem Rechtsabzweig auf der Piste zur Platja de Llevant. An Kiefern, Dünen und Feuchtzonen vorbei führt hier ein besonders schönes Wegstück durch das Naturschutzgebiet der Salinen – allerdings birgt die Hochsaison die Gefahr erhöhten Zubringerverkehrs an den Strand. Genau diese **Platja de Llevant** → S. 83 ist auch Ihr Zwischenziel. Stürzen Sie sich in die Fluten, sammeln Sie frische Kräfte für den 🥾 Weg an kleinen Buchten und Felsen vorbei bis **Es Pujols** → S. 82: Hier eröffnen sich traumhafte Küstenblicke! Mitunter stapfen Sie durch schweren Sand, andernorts erleichtern Holzstege das Fortkommen. Die kleine Bar- und Restaurantmeile in Es Pujols lädt zum Verschnaufen ein, ehe Sie sich landeinwärts zur Hauptstraße Carrer d'Espalmador durchschlagen. Dort folgen Sie wenige hundert Meter der Straße Richtung La Savina, bis das Wanderschild nach links den **Camí de s'Estany** → S. 84, den Seeweg, ankündigt. Nun geht es die letzten Kilometer auf einer sehr schönen, aber schattenlosen Trasse an den Süd- und Westufern des Estany Pudent entlang. In der Ferne verraten die Masten der Segelyachten bereits das Ziel: den Hafen von La Savina, wo Bars und Cafés auf ermattete Wanderer warten.

In den Salinenbecken verdunstet das Meerwasser, zurück bleibt das Salz

SPORT & AKTIVITÄTEN

Ob zu Lande oder zu Wasser – für alle Freizeitaktiven haben die Inseln eine ganze Menge drauf. Manche Hotels halten ihre Gäste mit Beachvolleyball, Tennis und Bogenschießen auf Trab.

Im Mittelpunkt stehen die Wassersportarten wie Windsurfen, Segeln, Tauchen, aber auch Radler und Wanderer geraten richtig in Schwung. Bedenken Sie, dass sich die Sportangebote der Veranstalter oft nur auf die Saison (Frühling bis Herbst) beziehen. In guten Hotels ist ein Fitnessraum *(gimnasio)* Standard.

FAHRRAD FAHREN

Auf Waldwegen durch Kiefernhaine radeln, an Salinen und Orangenplantagen vorbei, dann atemberaubende Abfahrten ans Meer – auf Ibiza gibt es viele unausgefahrene Pfade zu entdecken. Auf der Insel sind rund INSIDER TIPP 20 Radwandertouren mit Farbtafeln beschildert, davon zwölf für Mountainbiker; der Rest sind Straßenrouten, die wegen des Verkehrs in der Hauptsaison jedoch weniger attraktiv sein können. Anspruchsvoll: die 38 km lange Mountainbiketour durch das *Vall de Morna* im Nordosten sowie der 58-km-Trip „Ibiza extrem" im Südwesten, inklusive Auffahrt auf den Inselberg *Sa Talaia*. Wasservorräte und Sonnenschutz nicht vergessen! Ein guter Radverleiher ist *Ibiza Sport (C/ Soletat 32 | Sant Antoni | Tel. 9 71 34 89 49 | www.ibizasport.com)*. Der Tagestarif für ein normales, solides Mountainbike liegt bei 16 Euro, bei einer Wochenmiete be-

Fit durch den Urlaub – die Auswahl an sportlichen Betätigungsfeldern ist groß: wandern, radeln, tauchen und windsurfen

trägt der Tagespreis 10,50 Euro; dazu kann man sich ein GPS mieten. Bei hochwertigen Mountainbikes reicht der Tagesmietpreis von 26 bis 35, der Wochenmietpreis von 140 bis 192,50 Euro. *Ibiza Sport* bietet auch geführte Touren an, die auf das unbekannte Ibiza zugeschnitten sind. Für Radfahrer besteht Helmpflicht. Aus Hygienegründen empfiehlt es sich, den eigenen Helm von zu Hause mitzubringen! Formentera hat sich längst als Radlerinsel etabliert; die Seitenstreifen einiger Hauptstraßen sind speziell für Pedalritter ausgewiesen. Vielerorts locken Pisten und Nebenstraßen; in den Touristenbüros ist eine Karte erhältlich, in der zwölf „Grüne Touren" markiert sind (bis auf eine sind alle für Radler/Mountainbiker geeignet). Verleiher finden sich am *Port de La Savina*.

GOLF

Der Golfstrom ist an den Pityusen bislang im Wesentlichen vorbeigelaufen; die für solche Zwecke nutzbare Fläche ist naturgemäß begrenzt. Die Ausnahme bildet die Anlage *Golf Ibiza* mit 18 und neun Löchern südwestlich von Santa Eulària. Obgleich es sich um einen privaten Club handelt, können auch Gäste hier gegen Tagesgebühr spielen. Green fee für die 18-Loch-Runde 90 Euro, eine Einzelstunde Training mit Lehrer kostet 50 Euro. *Club de Golf Ibiza (Ctra. Jesús–Cala Llonga | Tel. 9 71 19 60 52 | www.golfibiza.com)*

JOGGING

Viele Strände sind zum Joggen zwar verlockend, doch wegen des tiefen Sandes beschwerlich für die Gelenke. Besser, man schlägt Feld- und Waldwege ein. Auf Formentera folgen geübte Läufer der bei *„Ausflüge & Touren"* vorgeschlagenen Wanderstrecke (ab/bis Port de La Savina ca. 11 km) oder joggen zwischen *Es Pujols* und *Port de La Savina* an den südlichen und westlichen Seeufern des *Estany Pudent*.

SEGELN

Wer die Pityusen von der Seeseite her entdecken will, findet traumhafte Buchten und Ankerplätze vor. Siebentägige **INSIDER TIPP** Segeltörns mit Skipper bietet der sich sehr umweltbewusst verhaltende Antonio Doria von *Delta Yacht Cruisers (Handy 6 39 88 15 72 | www.deltayachtcruisers.com)* an, der einige zehntausend Seemeilen auf dem Buckel hat und weiß, was seine Gäste wünschen (Bordsprachen Span., Engl.). Er und seine Frau Ana unterhalten kein festes Büro und haben deshalb günstige Tarife. Eine Woche mit Verpflegung kostet 780–890 Euro/Pers., an Bord seiner „Tam-Tam" finden auch Familien mit Kindern Platz. Vermieter von Segelbooten finden Sie z. B. an der *Marina Botafoc* in Eivissa sowie im *Sporthafen* von Santa Eulària. Der Club *Naútico Ibiza (Av. de Santa Eulària | Tel. 9 71 31 33 63 | www.clubnauticoibiza.com)* in Ibiza-Stadt unterhält eine Segelschule.

Gepflegtes Grün: Golf Ibiza in Cala Llonga bei Santa Eulària

SPORT & AKTIVITÄTEN

TAUCHEN

Muränen, Tintenfische, Kraken, Höhlen, Wracks: Die Unterwasserwelt der Pityusen lässt niemanden kalt! Das klare Wasser rund um Ibiza erlaubt Sichtweiten von 20–40 m. Mit Tagestrips, Nachtausflügen, Tief- und Wracktauchen sowie Padi-Kursen haben sich einige Tauchschulen auf die Nachfrage eingestellt. Dazu zählen das in Portinatx stationierte *Diving Centre Subfari (Tel. 9 71 33 75 58 | Handy 6 77 46 60 40 | www.subfari.net)* und der *Club Náutico Anfibios (Edificio Acapulco | Tel. 9 71 30 39 15 | www.anfibios.com)* in Platja d'en Bossa. Die im Kapitel „Mit Kindern unterwegs" aufgeführte deutschsprachige Tauschule *Tauchcenter Cala Pada (s. S. 107)* hat keine Sprachhürden und ist auch für Erwachsene geeignet.
Auf Formentera ist der Port de La Savina eine gute Anlaufstelle mit *Vellmarí (Tel. 9 71 32 21 05 | www.vellmari.com)*. Für einen Tauchgang sollten Sie inkl. Ausrüstung, Bootsfahrt und Fachbegleitung 45–60 Euro einkalkulieren. Ein Kurs *Scuba Diver* kostet ca. 270, *Openwater Diver* ab 395 Euro, *Divemaster* ab 600 Euro.

Surfer an der Platja de Mitjorn (Formentera)

derern einiges ab. Wanderer haben auf Formentera die Wahl unter zwölf „Grünen Routen".

WANDERN

Zu den überraschenden Seiten der Inseln zählen die vielen Wanderstrecken, die Sie zu abgelegenen Buchten, Stränden und alten Wachttürmen führen. Viele Routen sind offiziell ausgewiesen, aber mit einer guten Beschilderung dürfen Sie nicht immer rechnen. Auf Ibiza setzt die ab Sant Josep machbare Besteigung des Berges *Sa Talaia* (475 m) deshalb einen gewissen Orientierungssinn voraus. Auf Formentera reizt der west- und südlich vom Gewässer verlaufende Seeuferweg zwischen *Port de La Savina* und *Es Pujols*. Manche Wege verlaufen über Stock und Stein und fordern selbst geübten Wan-

WASSERSPORT

Außer Segeln und Tauchen werden Stand-up-Paddle, Kitesurfen und Wasserski angeboten. Als gute Anlaufstationen gelten auf Ibiza die *Platja d'en Bossa*, die Bucht von *Sant Antoni* und die Strände bei *Santa Eulària*. Auf Formentera steuern Surfer das *Centro Wet Four Fun (Tel. 9 71 32 18 09 | Handy 6 09 76 60 84 | www.wet4fun.com)* in Es Pujols an. Vollkommen im Einklang mit der Natur fühlt man sich im INSIDERTIPP Seekajak, womit sich die Küste Formenteras bestens erkunden lässt. Gute Verleihstation auf Formentera: *4 Nómadas/Escuela Municipal de Vela (s. S. 89)* am Estany des Peix.

MIT KINDERN UNTERWEGS

Auf den ersten Blick ist Spanien ein kinderfreundliches Land, da machen die Pityusen keine Ausnahme. Schon im Mutterbrustalter gewöhnt man Babys an den lockeren Lebensstil, nimmt sie zu nächtlicher Stunde in Kneipen und zu Konzerten mit.

Kinder dürfen fast alles, kaum jemand stört sich am Freudengeschrei. Allerdings geht die Geburtenzahl rapide zurück, denn Vater Staat mauert bei Familienbeihilfen. Für Familienspaß aber ist gesorgt, ob im Wasserpark oder auf der Kartingstrecke. Darüber hinaus überrascht eine Höhle wie Can Marçà mit *special effects*. Als familienfreundliche Ferienorte sind u. a. Es Canar, Portinatx und Platja d'en Bossa einzustufen. In der Reihe beliebter Strände für Familien mit Kindern stehen die Cala Tarida, die Cala Llonga und die Cala Vedella.

Hier noch ein Tipp: Unter *www.kidsinibiza.com* finden Sie – auch auf Deutsch – Veranstaltungshinweise für Familien mit Kindern; auf Anfrage werden auch Babysitter vermittelt.

EIVISSA

AGUAMAR (126 B–C5) (*D5*)
In Ibizas größtem Wasserpark ist Spaß garantiert – ob auf der Gigantenrutsche oder in der Röhrenrutsche. Der strandnah gelegene Wassererlebnispark bringt eine erfrischende Abwechslung ins Beachlife, hat aber seinen Preis. *Geöffnet Anfang Mai–Mitte Okt. tgl. 10–17.30, im Hochsommer bis 18 Uhr | Ein-*

Ob Naturerlebnis oder Sport: Spaß und Spannung im Wasserpark, in der Höhle, bei Bootstrips und Wanderungen

tritt 18, Kinder (2–12 Jahre) 10 Euro | Platja d'en Bossa

INSIDER TIPP BALUARD DE SANT JAUME (126 C5/U C5) (*E5*)
Dieses Bollwerk im mächtigen Mauerverbund der Altstadt Dalt Vila wurde interaktiv hergerichtet. Da können Kinder – und nicht nur die – eine Kanone verschieben, einen Rüstungsschutz samt Helm anlegen und das Gewicht von Kanonenkugeln austesten. Unter Aufsicht darf man auch Repliken von historischen Waffen – Lanzen, Schwerter oder Hellebarden – aus dem 16./17. Jh. in die Hand nehmen. *April–Sept. Di–Fr 10–14 und 17–20 (im Hochsommer 18–21), sonst Di–Fr 10–16.30, Sa/So immer 10–14 Uhr | Eintritt 2 Euro, Kinder bis 12 J. frei | Ronda Calvi*

DALT VILA – VISITAS TEATRALIZADAS (126 C5/U C5) (*E5*)
Wie sich das Leben in Dalt Vila im 16. Jh. abspielte, zeigen sogenannte „theatralisierte Besuche". Schauspieler in historischen Kostümen lassen jene Epoche an-

schaulich wieder aufleben, was selbst für jene interessant sein kann, die kein Spanisch verstehen. Die Besuche dauern ca. 90 Min., finden zu Fuß in Gruppen von mindestens 15 Teilnehmern statt und starten im Normalfall samstagabends am Mercat Vell. Die Startzeiten variieren je nach Jahreszeit: 18 Uhr im Winter, 19/20 Uhr im Frühling/Herbst, 21 Uhr im Hochsommer. *Anmeldung zwingend erforderlich unter Tel. 9 71 39 92 32 oder per Mail: informacioturistica@eivissa.es | Erw. 10 Euro, Kinder (7–16 Jahre) 5 Euro, Kinder unter 7 Jahren frei*

SPIELPLÄTZE IN EIVISSA
(126 C5) (*ID E5*)
Im Ostteil Eivissas finden sich einige gut ausgestattete Kinderspielplätze mit Klettergeräten und Rutschen. Hier vergnügen sich die Kleinsten auf einem großen Spielareal am *Passeig Joan Carles I*; ein weiteres liegt zwischen der *Marina Botafoc* und dem Leuchtturm. In der Neustadt ist ein recht großer Kinderspielplatz in den *Parc de la Pau* eingefasst.

DER SÜDWESTEN

BOOTSTOUREN (128 C3) (*ID C3–4*)
Ab dem Hafen von Sant Antoni de Portmany starten während der Sommersaison Glasbodenboote, die wunderbare Einblicke in die vielfältige Unterwasserwelt bieten. Außerdem stechen andere Ausflugsschiffe in See, ebenso wie Zubringerboote zu Stränden, z. B. zur Cala Bassa. An der Hafenlinie beim *Passeig de ses Fonts* reihen sich mehrere Ticketkioske auf. Die Preise bei den Anbietern schwanken und liegen für einstündige Ausfahrten bei 12–14 Euro für Erwachsene und 6–7 Euro für Kinder. Bei dreistündigen Trips muss man mit 23–24 Euro für Erwachsene und 11–12 Euro für Kinder rechnen. *Tgl. verschiedene Abfahrtszeiten*

MINI TREN TURÍSTICO
(126 A–B 2–3) (*ID C–D 2–3*)
In Sant Antoni de Portmany ist bei Familien mit kleineren Kindern von Mai bis Oktober der „kleine Touristenzug" beliebt. Mit dem auf der Straße fahrenden „Bähnchen" geht es auf eine knapp zweistündige Rundtour durch ländliches Gebiet, das von einer überraschend vielfältigen Vegetation durchsetzt ist. Zwischenziel ist das beschauliche Santa Agnès de Corona. Abfahrten ab dem Busbahnhof *(Carrer Londres)*. *Im Regelfall dreimal tgl.: 11, 13 und 16 Uhr | Erwachsene 14, Kinder 7 Euro*

DER NORDOSTEN

COVA DE CAN MARÇÀ (126 C1) (*ID E2*)
Geheimnisvolle Lichter weisen den Weg vorbei an Tropfsteinsäulen und glucksenden Wasserläufen. Der multimediale Clou kommt dann auf Knopfdruck: Zwischen Felsen stürzt plötzlich ein Wasserfall hinab, das Rauschen wird mit dramatischer Musik und zuckenden Lichtern unterlegt. Die Cova de Can Marçà liegt bei Port de Sant Miquel, die Anfahrt zum Parkplatz ist beschildert. *Nov.–April im Regelfall tgl. 11–17.30, sonst tgl. 10.30–13.30 und 14.30–20 Uhr | nur mit Führung | Eintritt 10 Euro, Kinder (4–12 J.) 6 Euro, kleinere Kinder frei | www.covadecanmarsa.com*

ESCUELA DE EQUITACIÓN CAN MAYANS (126 C3) (*ID E3*)
Die Reitschule auf dem 15 000 m² großen Fincagelände von Can Mayans ist ganzjährig geöffnet (außer montags). Reitstunden werden für Kinder ab acht Jahren angeboten, individuell oder in der Gruppe. Ausritte für geübte Reiter. *Ctra. Santa Gertrudis de Fruitera–Sant Llorenç de Balàfia | ausgeschilderter Abzweig | Tel. 9 71 18 73 88 | www.canmayans.net*

MIT KINDERN UNTERWEGS

GO-KARTS SANTA EULALIA
(126 C4) (*E4*)

Wer dröhnende Motoren liebt, ist hier genau richtig aufgehoben. Allerdings ist das Vergnügen nicht ganz preiswert. Von Babykart über Kinderkarts bis zu Zweisitzern gibt es verschiedene Modelle. *April/Mai, Okt. tgl. 10–21.30, Juli–Sept. tgl. 10–22.30 Uhr, sonst in der Regel nur Fr 16–20.30 und an Wochenenden und Feiertagen 10–20.30 Uhr | Ctra. Eivissa–Santa Eulària, km 6 | Tel. 9 71 31 77 44 | www.gokartssantaeulalia.com*

TAUCHCENTER CALA PADA
(127 E3) (*F3*)

Die zwischen Santa Eulària des Riu und Es Canar gelegene deutschsprachige Tauchschule bietet Kindertauchen für Jungen und Mädchen ab acht Jahren an (wobei es erst ab zehn Jahren ins Meer geht). Ein Einführungskurs führt spielerisch an Theorie und Praxis heran, die Ausrüstung ist altersgemäß abgestimmt. Ab 12 Jahren gibt es den Grundkurs „Basic Diver", ab 14 Jahren den „Openwater Diver". *Geöffnet Anfang/Mitte Mai–Ende Okt. | Cala Pada | Tel. 9 71 33 07 55 | www.diving-ibiza.com*

FORMENTERA

Die Strände bieten nicht das einzige Potenzial für Kinder. Ab *Port de La Savina* starten im Sommer Bootsausflüge. Außerdem bieten sich kleine Wandertouren an den Ufern des *Estany Pudent* und des *Estany des Peix* an. Hier kann die Familie INSIDERTIPP nach Vögeln Ausschau halten. Spannend wird es am *Cap de Barbaria* mit dem Leuchtturm und dem steinigen Weg zum Wachtturm *Torre des Garroveret*. Einen weiteren Wanderabstecher lohnt die einsame *Torre de La Gavina* an der Westflanke der Insel; als Ausgangspunkt dient die INSIDERTIPP *Area Recreativa Can Marroig*, ein Picknickareal, wo Sie den Nachwuchs nach Ihrer Rückkehr an Holztischen im schattigen Kiefernforst mit Broten und Limo belohnen können.

Überall auf der Welt der Strandklassiker: Sandburgen bauen

EVENTS, FESTE & MEHR

Glaube und Aberglaube gehen Hand in Hand, viele Orte wähnen sich mit ihren Heiligennamen von Antonius (Sant Antoni) bis Franziskus (Sant Francesc) unter einem guten Stern. Klar, dass den Tagen der jeweiligen Schutzpatrone ein besonderer Stellenwert zukommt und die Brauchtumspflege dann auf ihrem Höhepunkt steht – das Volk wird gelegentlich gratis mit Wein und Fettgebäck versorgt. Vor und nach dem eigentlichen Festtag nimmt das bunte Programm oft reichlich Raum ein: mit Umzug *(desfilada)*, Prozession *(processó)*, Tanzball *(ball)*, Sportwettkämpfen, Theater und musikalischen Auftritten.

OFFIZIELLE FEIERTAGE

1. Jan. Neujahr; **6. Jan.** Hl. Drei Könige; **1. März** Tag der Balearen *(Dia de les Illes Balears)*; **März/April** *Jueves Santo* (Gründonnerstag), *Viernes Santo* (Karfreitag), *Lunes de Pascua* (Ostermontag); **1. Mai** Tag der Arbeit; **15. Aug.** Mariä Himmelfahrt; **12. Okt.** Tag der Entdeckung Amerikas; **1. Nov.** Allerheiligen; **6. Dez.** Tag der Verfassung; **8. Dez.** Mariä Empfängnis; **25. Dez.** Weihnachten

FESTE UND LOKALE VERANSTALTUNGEN

JANUAR
5. Jan.: bunte Umzüge am Vorabend des ▶ *Dreikönigstages* u. a. in Eivissa, Sant Miquel, Sant Antoni und Santa Eulària
In Sant Antoni steht der Monat ganz im Zeichen des ▶ *Schutzpatrons Antonius:* INSIDER TIPP Konzerte im Festzelt auf dem Passeig de ses Fonts, Tänze, Kino, Spiele für Kinder, Theater, am Tag des Heiligen (17. Jan.) Festumzug und Segnung der Haustiere
2. Monatshälfte ▶ *Patronatsfest in Santa Agnès de Corona* mit Trachtentänzen Prozession am Tag der hl. Agnes (21. Jan.)

FEBRUAR
Um den 12. Feb.: ▶ *Patronatsfest in Santa Eulària des Riu,* Tanz und Musik
▶ ★ *Große Karnevalsparade* in Eivissa

MÄRZ/APRIL
Um den 19. März: ▶ *Fiesta des Schutzpatrons in Sant Josep de sa Talaia*
▶ *Karwoche (Semana Santa)* mit Büßerumzügen, INSIDER TIPP besonders lohnend in Eivissa (Karfreitag in Dalt Vila)
Um den 23. April: ▶ *Patronatsfest in Sant Jordi de ses Salines*; mit Musik und Tanz

Tanz, Musik, Prozessionen: Vor allem die Patronatsfeiern der einzelnen Orte bieten unverfälschte Bilder

MAI
▶ ★ ● *Mittelalterfest (Feria Medieval)* in Dalt Vila mit Gauklern, Tänzen und Verkaufsständen; das mehrtägige Programm startet meist am Do vor dem 2. Mai-Wochenende
▶ INSIDER TIPP ▶ *1/2 Marató Popular*, sportliches Samstags-Event Mitte Mai auf Formentera: der Halbmarathon *(maratoformentera.com)*

JUNI
▶ ★ *Desfile de la Moda Adlib*, Präsentation der neuesten Adlib-Kreationen, wechselnde Daten und Schauplätze
24. Juni: ▶ *Patronatsfest des hl. Johannes in Sant Joan de Labritja*, am Vorabend vielerorts Johannisfeuer, auch Feuerwerk und Livemusik

JULI
▶ *Virgen del Carmen*: Am 16. Juli wird auf den Balearen der Beschützerin der Seeleute gedacht, was in Eivissa mit einer Meeresausfahrt und einer musikalisch unterlegten Prozession an Land zur Kirche Sant Elm einhergeht

AUGUST
Am Monatsanfang: doppeltes Patronatsfest in Eivissa ▶ *Festes de la Terra* zu Ehren der *Mare de Deu de la Neu* (5. Aug.) und des *Sant Ciriac* (8. Aug., Tag der katalanischen Conquista Ibizas)
In der zweiten Augusthälfte ▶ *Fiestas de Sant Bartomeu* in Sant Antoni: mit Konzerten, Märkten, Sportveranstaltungen, Volkstänzen und Verkostungen typischer Produkte

SEPTEMBER
▶ *Eivissa Jazz*, traditionelles Jazzfestival zu Monatsbeginn, in der Regel am ersten Wochenende
Um den 29. Sept.: ▶ *Volksfest in Sant Miquel de Balansat*

NOVEMBER
Patronatsfeste in Sant Carles (um den 4.) und in Santa Gertrudis (um den 16.)

LINKS, BLOGS, APPS & MORE

LINKS

▶ www.ibizainfos.net Wo liegen Kunstgalerien, wo finde ich Ärzte, welche Weinkellereien gibt es, wo ist gerade was los? Praktisches, thematisch breit gespanntes, übersichtliches Infoportal mit großem Adressenpool, auf Deutsch

▶ ibiza-style.com Welcher Promi war zuletzt zum Fotoshooting hier, wo gibt's gute Tapas? Welche Events stehen gerade an? Auf Deutsch, gut aufgemacht

▶ www.estiloibiza.com Hier steht die Ibiza-Fashion mit der Adlib-Mode im Mittelpunkt

▶ www.ibiza-spotlight.de Tipps für Unternehmungen, Strand- und andere Ausflugsziele, außerdem Partykalender, Club News, Bars & Lounges

▶ www.ibiza-restaurants.com Ein Führer durch die Restaurantszene auf Ibiza, auch auf Deutsch. Zusätzliche Aufsplittung in Strand- und Landrestaurants

▶ www.ibizacasasrurales.com Kleine Auswahl an mietbaren Landhäusern (Casas Rurales) auf Ibiza, vorgestellt von den Eigentümern; auf Engl. wählbar

▶ www.marcopolo.de/ibiza Alles auf einen Blick zu Ihrem Reiseziel: interaktive Karten inklusive Planungsfunktion, Impressionen aus der Community, aktuelle News und Angebote

▶ www.digitalibiza.com Hier geht es (auf Engl.) vornehmlich um das ergiebige Thema Nightlife, außerdem gibt's einen Chatroom und ein Forum

BLOGS & FOREN

▶ ibizainside.com Marisa und Virgil tragen ihre Innenansichten aus Ibiza nach außen; auf Engl.

▶ www.e-ibiza.de/blog Wo steigen auf Ibiza die heißesten Opening Partys? Wo lässt es sich in dieser Saison am besten chillen? Was ist gerade in der Politlandschaft los? Eine große thematische Bandbreite und eine

Egal, ob Sie sich vorbereiten auf Ihre Reise oder vor Ort sind: Mit diesen Adressen finden Sie noch mehr Informationen, Videos und Netzwerke, die Ihren Urlaub bereichern. Da manche Adressen extrem lang sind, führt Sie der kürzere short.travel-Code direkt auf die beschriebenen Websites

übersichtliche Aufmachung zeichnen diesen deutschsprachigen Blog aus

▶ www.ibizablog.co.uk Auch mit dieser englischsprachigen Seite bleibt man aktuell und gut informiert. Mit diversen Podcasts

▶ www.addictedtoibiza.com Blog und News mit riesiger Breitenwirkung (Engl.)

▶ www.ibizaspirit.net/ibizavideos Unterschiedlichste Videos, ob Ibiza von oben, Volkstänze, Hippiemarkt oder Nightlife

▶ short.travel/ibi1 *Ibiza Chill Out Sunset* ist eine musikalisch unterlegte Einstimmung auf den ultimativen Chillout, Sonnenuntergangsstimmung mit Zeitraffer-Elementen

▶ short.travel/ibi2 Zum Träumen und Wiedererkennen – Beachlife und Strände auf Ibiza

VIDEOS

▶ uin Formentera Englischsprachige iPhone-App (auch auf Span. und Ital.) für Formentera: nützliche Informationen und Adressen, Karten, Wander- und Mountainbikerouten und vieles mehr

▶ Ibiza Tour Für Smartphone und iPhone erhalten Sie unter *www.eivissa.es* die App *Ibiza Tour* mit allen relevanten Infos zur Insel

APPS

▶ www.couchsurfing.org Individual-Traveller, die Locals zum Kennenlernen suchen, haben die Couchwahl zwischen Eivissa, Sant Josep de sa Talaia und Santa Eulària d'es Riu

▶ www.travelpod.com Berichte, Tipps und Erfahrungen der Travel-Blog-Community, irgendwo zwischen tiefgründig und oberflächlich, zwischen wissenswert und unwichtig

▶ short.travel/ibi3 Hier trifft sich auf Facebook die Community der *Blue Bar* auf Formentera.

NETWORK

PRAKTISCHE HINWEISE

ANREISE

Je nach Saison steht Ibiza im deutschen Sprachraum auf den Flugplänen von Germanwings *(www.germanwings.com)*, Ryanair *(www.ryanair.com)* und Air Berlin *(www.airberlin.com)*; Flüge mitunter via Palma de Mallorca. Steuern, Service Charge, Kreditkarten- und Gepäckgebühren machen die sogenannten Billigfluglinien allerdings längst nicht mehr so billig. Gute Vergleichsportale für Preise und Verbindungen: *www.opodo.de*, *www.fluege.de* und *www.swoodoo.com*. Ein Flug nach Ibiza dauert je nach Startort etwa 2½ bis 3 Stunden. Auf der Insel liegt der internationale Flughafen etwa 6 km südwestlich der Hauptstadt Eivissa; Zubringer in die City entweder mit dem Taxi oder mit dem regelmäßig verkehrenden Linienbus.

Formentera hingegen ist nicht ans Flugnetz angeschlossen; ab dem Hafen von Eivissa herrscht täglich reger Boots- und Fährverkehr (vornehmlich Personen, aber auch Fahrzeuge), wobei es wegen der Transportkosten nicht ratsam ist, mit dem Leihwagen überzusetzen. Besser, man mietet sich dort ein neues Fahrzeug.

Wer sich über Land Richtung Zielgebiet aufmacht, steuert am besten Barcelona an: ob mit dem Zug *(www.reiseauskunft.bahn.de)*, den Europabussen *(www.eurolines.de)* oder dem eigenen Fahrzeug. Ab Barcelona bestehen regelmäßige Fährverbindungen nach Eivissa *(www.trasmediterranea.es)*, außerdem ab Dénia und València *(www.balearia.com)*.

GRÜN & FAIR REISEN

Auf Reisen können auch Sie mit einfachen Mitteln viel bewirken. Behalten Sie nicht nur die CO_2-Bilanz für Hin- und Rückflug im Hinterkopf *(www.atmosfair.de)*, sondern achten und schützen Sie auch nachhaltig Natur und Kultur im Reiseland *(www.gate-tourismus.de; www.zukunft-reisen.de; www.ecotrans.de)*. Gerade als Tourist ist es wichtig, auf Aspekte zu achten wie Naturschutz *(www.nabu.de; www.wwf.de)*, regionale Produkte, Fahrradfahren (statt Autofahren), Wassersparen und vieles mehr. Wenn Sie mehr über ökologischen Tourismus erfahren wollen: europaweit *www.oete.de*; weltweit *www.germanwatch.org*

AUSKUNFT

SPANISCHES FREMDENVERKEHRSAMT
– Berlin *(Lietzenburger Str. 99 | 10707 Berlin | Tel. 030 8 82 65 43)*
– Düsseldorf *(Grafenberger Allee 100 | 40237 Düsseldorf | Tel. 0211 6 80 39 80 | duesseldorf@tourspain.es)*
– Frankfurt *(Myliusstr. 14 | 60323 Frankfurt | Tel. 069 72 50 33)*
– München *(Postfach 151940 | 80051 München | Tel. 089 53 07 46 11)*
– Wien *(Walfischgasse 8 | 1010 Wien | Tel. 01 5 12 95 80-11 | viena@tourspain.es)*
– Zürich *(Seefeldstr. 19 | 8008 Zürich | Tel. 04 42 53 60 50 | zurich@tourspain.es)*
Informationen vor Ort in den Tourismusbüros auf Ibiza (Eivissa, Sant Antoni, San-

Von Anreise bis Zoll

Urlaub von Anfang bis Ende: die wichtigsten Adressen und Informationen für Ihre Reise nach Ibiza oder Formentera

ta Eulària) sowie am Hafen von La Savina auf Formentera (s. in den Regionenkapiteln unter „Auskunft"). Hilfreich sind auch die offiziellen Tourismusportale im Netz: *www.spain.info* (Spanien), *www.illesbalears.es* (Balearen), *www.ibiza.travel* (Ibiza) und *formentera.es* (Formentera).

AUTO

Fahren Sie defensiv, und stellen Sie sich auf kurvenreiche Strecken und – abseits der gut ausgebauten Hauptstraßen – auf staubige Rumpelpisten ein, die zum Strand, zum Beachtreff oder zum Landhotel führen. Zur Hochsaison kann das Parken in den Städten zum Problem werden, achten Sie stets auf die blau markierten gebührenpflichtigen Zonen sowie auf gelbe Randmarkierungen (Parken verboten). Polizisten kennen bei Falschparkern keine Gnade, stellen saftige Strafzettel aus und ordern rasch den Abschleppwagen *(grúa)*. Bei gebührenpflichtigen Parkzonen in Eivissa kann es sein, dass Sie am Automaten das Kennzeichen des Fahrzeugs eingeben müssen! Kleinere Orte wie z. B. Santa Agnès de Corona haben sich mit großen Parkflächen auf die sommerlichen Zuströme eingestellt, während es an den Stränden zu erheblichen Engpässen kommen kann. Doch nicht nur das. Während der Saison sind in der Nähe populärer Strände und Buchten (auf Ibiza u. a. Cala Bassa, Platja d'es Cavallet, Platja de ses Salines) gebührenpflichtige Parkplätze ausgewiesen, die auf Dauer ganz schön ins Geld gehen können. Die Tagespreise liegen bei 4–6 Euro. Gebührenpflichtig ist auf Formentera die gesamte Zufahrt zu den im Naturpark gelegenen Stränden Platja de Llevant und Platja de ses Illetes; die Preise variieren je nach Saison und liegen für Vespas bei 2–4 Euro bzw. für Autos bei 4–6 Euro pro Tag (Fußgänger und Radler sind bislang frei). Munter

WAS KOSTET WIE VIEL?

Busfahrt	2 Euro
	Eivissa–Sant Antoni
Kaffee	Ab 1,10 Euro
	kleiner Kaffee in der Bar
Softdrink	1,50–2,50 Euro
	in der Bar
Museum	2,40–3 Euro
	Eintritt für eine Person
Wein	ab 8 Euro
	Flasche ibizenkischer Landwein (Bodega)
Tagesmenü	Ab 8 Euro
	mittags im einfachen Restaurant

abkassiert wird z. B. auch auf den staubigen Parkflächen beim Hippiemarkt von Sant Carles.

Verkehrsbestimmungen: Die Promillegrenze liegt bei 0,5, es herrscht Anschnallpflicht und Handyverbot, zwei Warndreiecke und eine reflektierende Schutzweste müssen im Auto, Radio und Handy beim Tanken ausgeschaltet sein. Höchstgeschwindigkeit innerorts 50 sowie auf Landstraßen – je nach Beschilderung – 90 bzw. 100 km/h. So schnell darf man auf Ibiza jedoch auf den wenigsten Strecken fahren, oftmals sind nur 60 km/h erlaubt. Gewarnt sei vor Radarkontrollen.

BANKEN & KREDITKARTEN

Öffnungszeiten der Banken: *Mo–Fr 9–14 Uhr*. Es gibt Geldautomaten für EC- oder Kreditkarten, gängige Kreditkarten sind weit verbreitet. Bei Bezahlung mit Kreditkarte wird gelegentlich das Ausweisdokument verlangt.

CAMPING

Camping spielt eine absolut untergeordnete Rolle. Auf Ibiza gibt es nur einige wenige, auf Formentera keinen einzigen Campingplatz, dort ist Campen verboten. Infos zu Plätzen auf Ibiza: *www.campingcalanova.com* | *www.campingescana.com* | *www.campingsanantonio.com* | *www.campingcalabassa.com*

DIPLOMATISCHE VERTRETUNGEN

DEUTSCHE BOTSCHAFT
C/ Fortuny 8 | *Madrid* | *Tel. 915 57 90 95* | *www.spanien.diplo.de*

ÖSTERREICHISCHE BOTSCHAFT
Paseo de la Castellana 91 | *Madrid* | *Tel. 915 56 53 15* | *www.bmaa.gv.at/madrid*

SCHWEIZER BOTSCHAFT
C/ Núñez de Balboa 35 | *Edificio Goya* | *Madrid* | *Tel. 914 36 39 60* | *www.eda.admin.ch/madrid*

FÄHREN

Zwischen Eivissa und Formenteras Hafen La Savina pendeln täglich Schiffe, die im Schnitt 25–30 Min. benötigen (z. B. *Trasmapi* | *www.trasmapi.com*). Die Preise liegen um 25–27 Euro für die einfache Strecke; Senioren ab 60 Jahre und Kinder bis 13 Jahre bekommen Rabatt. Statt jedes Ticket einzeln zu lösen, lässt sich mit dem Kauf eines Hin- und Rückfahrtickets ein wenig sparen. Dank der vielen Verbindungen können Sie während der Hauptsaison nach Formentera zu einem Tagesausflug in See stechen; in der Nebensaison kann dieses Vorhaben bei täglich nur zwei bis drei Verbindungen schwierig werden, dann ist die Zeit allzu knapp bemessen.

FKK

Auf Ibiza ist die nahe der Salinen im Inselsüden gelegene *Platja d'es Cavallet* beliebt, auf Formentera suchen sich FKK-Anhänger an der *Platja de Llevant* ihr Plätzchen. Oben ohne ist sowieso verbreitet.

GESUNDHEIT

Mit der Europäischen Gesundheitskarte ist eine unentgeltliche medizinische Versorgung im Grundsatz gewährleistet. Allerdings ist das spanische Gesundheitssystem nicht das allerbeste, so gibt es z. B. keine freie Arztwahl. Angeraten sei deshalb eine private Auslandskrankenversicherung. Deutsche Sprachkenntnisse dürfen Sie vom medizinischen Personal nicht erwarten. Zahnärztliche Behandlungen sieht das spanische Versorgungssystem nicht vor (nur Privatbehandlung). Apotheken, die Sie am grünen, leuchtenden Kreuz erkennen, sind inflationär verbreitet und durchweg gut ausgestattet. Manche Medikamente gibt es rezeptfrei und zudem deutlich günstiger als zu Hause.

INTERNET/WLAN

WLAN ist auf Spanisch als Wifi bekannt. Viele Hotels bieten ihren Kunden Internetterminals und WLAN an. Ob kostenfrei

PRAKTISCHE HINWEISE

oder nicht, hängt vom Haus ab. Mitunter kann im Hotel eine Stunde mit 5–6 Euro berechnet werden.Eine Alternative sind Internetcafés bzw. Internetzentren, die meist privaten Telefonzentren *(locutorios)* angeschlossen sind. Dort ist das Preisgefüge ganz unterschiedlich. Mal kostet eine halbe Stunde 1 und eine volle Stunde 2 Euro, mal schlagen 10 Minuten mit 1 Euro zu Buche.

KLIMA & REISEZEIT

Um die 300 Sonnentage pro Jahr sprechen eine deutliche Sprache: Die Pityusen sind ein Reiseziel für jede Jahreszeit! Dank fehlender größerer Gebirgsmassen herrscht auf den Inseln ein durchweg ausgeglichenes Klima. Selbst im Winter können Sie durchschnittlich fünf bis sechs Sonnenstunden pro Tag genießen, auch wenn Sie sich dann etwas wärmer anziehen müssen. Im Sommer übersteigt die Quecksilbersäule gelegentlich die 30-Grad-Marke, in den Hauptferienmonaten Juli und August geht es in jeglicher Hinsicht hitzig zu.

MIETWAGEN

Während die Wochenmietpreise in der Nebensaison bei ca. 140–150 Euro beginnen, schlagen sie im Sommer durchaus mit dem Doppelten zu Buche. Für Preisvergleiche und Buchung empfiehlt sich *www.billiger-mietwagen.de (Hotline Tel. 0761 88 85 30)*. Vorteil hier: Bis 24 Stunden vor Abholung des vorbestellten Fahrzeugs lässt sich der Vorgang kostenlos stornieren, Kunden erhalten in dem Fall ihr Geld zurück. Im Allgemeinen eingeschlossen bei der Automiete auf den Inseln sind Freikilometer, Steuern und Basis-Haftpflichtversicherung; im Schadensfall fällt in der Regel jedoch ein Selbstkostenanteil an. Insassenunfallversicherung, eingetragener Zusatzfahrer, mobiles Navigationssystem, Kindersitze etc. kosten pro Tag extra. Begutachten Sie vor der Übernahme des Fahrzeugs mögliche Lack- und Blechschäden und lassen Sie sie peinlich genau notieren, sonst kann es bei der Rückgabe Ärger geben. Achten Sie ebenfalls darauf, das Fahrzeug mit der gleichen Tankfüllung zurückzugeben, sonst droht ein Aufschlag.

Auf Ibiza finden Sie die größte Auswahl an Verleihern am Flughafen, auf Formentera rund um Port de La Savina. Auf Formentera bieten 🌿 Mietautos mit Elektromotor eine umweltfreundliche Alternative *(www.elektracar.com);* inselweit stehen inzwischen über 20 Ladestellen zur Verfügung.

Wegen möglicher Knappheit vor Ort sollten Sie den gewünschten Wagen (ob Benziner oder Elektroantrieb) von daheim aus buchen; das gilt für Formentera wie für Ibiza. Das geforderte Mindestalter des Fahrers liegt meist bei 21 Jahren, überdies muss jeder seit mindestens einem Jahr im Besitz der Fahrerlaubnis sein. Der nationale Führerschein reicht aus.

NOTRUF

Allgemeine Notfälle: Tel. 112
Nationalpolizei: Tel. 0 91
Städtische Polizei: Tel. 0 92

ÖFFENTLICHE VERKEHRSMITTEL

Die Busnetze auf beiden Inseln sind gut ausgebaut. Im Bus erreicht man viele Strände, womit sich Mietwagenfahrer die leidige Parkplatzsuche ersparen. Die Busse sind durchweg in gutem Zustand, die Preise niedrig. Eine wiederaufladbare Chipkarte *(tarjeta bonobús;* einmaliger Grundpreis plus jeweilige Aufladung) könnte sich für jene lohnen, die häufiger fahren; damit ist es dann noch billiger. Züge gibt es auf den Inseln nicht. In Eivissa liegt die Fernbusstation (span.: *estación de autobuses*) am westlichen Rand der Kernstadt. Infos zu Busverbindungen über die Fremdenverkehrsbüros oder unter *www.ibizabus.com*.

POST

Briefe bis 20 g und Postkarten in EU-Länder sowie in die Schweiz brauchen nur wenige Tage Laufzeit. Briefmarken sind nicht nur in den Postämtern, sondern auch in Tabakläden *(tabacos)* erhältlich. Die Höhe des Portos ändert sich im Regelfall zum Jahresbeginn. Wichtige Sendungen nur per Einschreiben *(certificado)* verschicken oder international bekannte Kurierdienste beauftragen; leider verschwindet im normalen spanischen Postwesen übermäßig viel Post.

PREISE

Das Preisniveau auf den Inseln entspricht mitteleuropäischen Standards. Die Einfuhr der meisten Waren auf dem See- oder Luftweg verteuert das Ganze, wie der Blick in die Regale von Supermärkten zeigt. Cocktails, Diskoeintritte, Automiete und abendliche Restaurantbesuche verschlingen bei manchen mehr vom Urlaubsbudget als geplant. Dagegen sind Benzin und Mittagsmenüs in einfachen Restaurants günstiger als gewohnt. Die Hotelpreise fallen in der Nebensaison häufig auf die Hälfte (oder noch darunter) der Juli-August-Tarife.

STROM

Überall kommt der Strom mit 220 Volt aus der Dose, normale Stecker.

TELEFON & HANDY

Internationale Gespräche beginnen Sie mit der Vorwahl 00. Danach folgen die Landeskennzahl (49 für Deutschland, 43 für Österreich, 41 für die Schweiz), die Vorwahl der Stadt ohne die 0 und die Teilnehmernummer. Vorwahl für Spanien: 0034. Alternative zu den oftmals schlecht gewarteten Telefonzellen der Gesellschaft *Telefónica* sind private Fernsprechzentren *(locutorios)*, von wo Sie deutlich günstiger telefonieren können. Ihr eigenes Handy können Sie in Spanien problemlos benutzen. Vor Ort wählt es automatisch den frequenzstärksten Netzbetreiber aus, nimmt dabei auf den Preis allerdings keine Rücksicht. Telefonläden verkaufen auch Prepaid-Karten.

Handynummern beginnen in Spanien mit einer 6, die teuren „Servicenummern", bei denen man oft extra lange in der Warteschleife schmort, mit 901 oder 902.

TRINKGELD

In Restaurants sind 5 Prozent der Gesamtsumme üblich, vorausgesetzt, Sie waren zufrieden. In Bars rundet man den Betrag allenfalls ein wenig auf. Die Spanier selbst zeigen sich gemeinhin nicht allzu großzügig. Kein Trinkgeld für Taxifahrer.

UNTERKUNFT

Die Palette der Unterkünfte reicht vom einfachen Gasthaus *(hostal)* über das Apartmenthotel *(aparthotel)* bis zum luxuriösen Hotel *(hotel)*. Achten Sie darauf, ob der angegebene Preis das Frühstück und den verminderten Mehrwertsteuersatz von 10 Prozent (IVA) enthält. Dazu gibt es keine einheitliche Regelung. In Mode gekommen ist der

PRAKTISCHE HINWEISE

„Tourismus auf dem Land" mit schönen Landhotels, die meist zur Hochpreiskategorie zählen. Während auf Formentera (von Ausnahmen abgesehen) kleinere Beherbergungsbetriebe verbreitet sind, werden Sie auf Ibiza auch manch abstoßenden Hotelkasten sehen. Infos im Internet: *www.ibiza-hotels.com* oder *www.ibizahotelsguide.com*. Viele Hotels schließen in der Nebensaison komplett, d. h. von etwa Anfang Oktober bis Ostern oder sogar Mai.

ZEITUNGEN

Deutschsprachige Zeitungen sind meist schon am Erscheinungstag erhältlich (nicht unbedingt gleich morgens). Besucher mit Spanischkenntnissen werfen einen Blick in die Tageszeitung „Diario de Ibiza" *(www.diariodeibiza.es)*. Infos, Storys, Kleinanzeigen und Veranstaltungstermine finden Sie im deutschsprachigen Monatsmagazin „Ibiza heute" *(www.ibiza-heute.de)*.

ZOLL

Innerhalb der EU dürfen Waren für den persönlichen Gebrauch frei ein- und ausgeführt werden, u. a. 800 Zigaretten, 10 l Spirituosen, 90 l Wein und Waren im Wert von 430 Euro (bei Schiffs- und Flugreisen).

WETTER AUF IBIZA

	Jan.	Feb.	März	April	Mai	Juni	Juli	Aug.	Sept.	Okt.	Nov.	Dez.
Tagestemperaturen in °C	15	15	17	19	22	25	28	29	27	23	19	16
Nachttemperaturen in °C	8	7	9	11	14	18	21	22	20	16	12	9
Sonnenschein Stunden/Tag	6	6	7	8	10	11	12	11	8	6	5	5
Niederschlag Tage/Monat	5	4	3	4	2	2	0	1	3	7	6	5
Wassertemperaturen in °C	14	13	14	15	17	21	24	25	24	21	18	14

SPRACHFÜHRER KATALANISCH

AUSSPRACHE

c	wie „s" vor „e", „i" (z.B. Barcelona); wie „k" vor „a", „o" und „u" (z.B. Casa)
ç	wird als „s" gesprochen (z.B. França)
g	wie in „Genie" vor „e", „i"; wie „g" vor „a", „o" und „u"
l·l	wird als „l" gesprochen
ny	wie das „gn" in „Champagner" (z.B. Catalunya)
que/qui	das „u" ist immer stumm, wie deutsches „k" (z.B. perquè)
v	am Wortanfang und nach Konsonant wie „b" (z.B. València)
x	wird gesprochen wie das deutsche „sch" (z.B. Xina)

AUF EINEN BLICK

Ja./Nein./Vielleicht.	Sí./No./Potser.
Bitte./Danke.	Sisplau./Gràcies.
Entschuldige!/Entschuldigen Sie!	Perdona!/Perdoni!
Darf ich …?	Puc …?
Wie bitte?	Com diu *(Sie)*? Com dius *(Du)*?
Ich möchte …/Haben Sie …?	Voldria …/Té …?
Wie viel kostet …?	Quant val …?
Das gefällt mir (nicht) gut.	(No) m'agrada.
kaputt/funktioniert nicht	trencat/no funciona
Hilfe!/Achtung!/Vorsicht!	Ajuda!/Compte!/Cura!
Polizei/Feuerwehr	policia/bombers
Krankenwagen	ambulància
Verbot/verboten	prohibició/prohibit
Gefahr/gefährlich	perill/perillós
Darf ich Sie/hier fotografieren?	Puc fer-li una foto aquí?

BEGRÜSSUNG & ABSCHIED

Guten Morgen/Tag!	Bon dia!
Gute(n) Abend!/Nacht!	Bona tarda!/Bona nit!
Hallo!/Auf Wiedersehen!	Hola!/Adéu! Passi-ho bé!
Tschüss!	Adéu!
Ich heiße …/Wie heißen Sie?	Em dic …/Com es diu?
Wie heißt Du?	Com et dius?
Ich komme aus …	Sóc de …

Parles Català?

„Sprichst du Katalanisch?" Dieser Sprachführer hilft Ihnen, die wichtigsten Wörter und Sätze auf Katalanisch zu sagen

DATUMS- & ZEITANGABEN

Montag/Dienstag/Mittwoch	dilluns/dimarts/dimecres
Donnerstag/Freitag/Samstag	dijous/divendres/dissabte
Sonntag/Werktag/Feiertag	diumenge/dia laborable/dia festiu
heute/morgen/gestern	avui/demà/ahir
Stunde/Minute	hora/minut
Tag/Nacht/Woche	dia/nit/setmana
Monat/Jahr	mes/any
Wie viel Uhr ist es?	Quina hora és?
Es ist drei Uhr.	Són les tres.

UNTERWEGS

offen/geschlossen	obert/tancat
Eingang/Einfahrt	entrada
Ausgang/Ausfahrt	sortida
Abfahrt/Abflug/Ankunft	sortida/sortida d'avió/arribada
Toiletten/Damen/Herren	Lavabos/Dones/Homes
(kein) Trinkwasser	aigua (no) potable
Wo ist ...?/Wo sind ...?	On està ...?/On estan ...?
links/rechts	a l'esquerra/a la dreta
geradeaus/zurück	tot recte/enrere
Bus/Straßenbahn	bus/tramvia
U-Bahn/Taxi	metro/taxi
Haltestelle/Taxistand	parada/parada de taxis
Parkplatz/Parkhaus	aparcament/garatge
Stadtplan/(Land-)Karte	pla de la ciutat/mapa
Bahnhof/Hafen	estació/port
Flughafen	aeroport
Fahrplan/Fahrschein/Zuschlag	horario/bitllet/suplement
einfach/hin und zurück	bitllet senzill/bitllet d'anada i tornada
Zug/Gleis/Bahnsteig	tren/via/andana
Ich möchte ... mieten.	Voldria llogar ...
ein Auto/ein Fahrrad	un cotxe/una bicicleta
Tankstelle/Benzin/Diesel	gasolinera/gasolina/gasoil
Panne/Werkstatt	avaria/taller

ESSEN & TRINKEN

Reservieren Sie uns bitte für heute Abend einen Tisch für vier Personen.	Voldriem reservar una taula per a quatre persones per avui al vespre.

auf der Terrasse/am Fenster	a la terrassa/al costat de la finestra
Könnte ich bitte … haben?	Podria portar-me …?
Flasche/Karaffe/Glas	ampolla/garrafa/got
Messer/Gabel/Löffel	ganivet/forquilla/cullera
Salz/Pfeffer/Zucker	sal/pebrot/sucre
Essig/Öl	vinagre/oli
Milch/Sahne/Zitrone	llet/crema de llet/llimona
kalt/versalzen/nicht gar	fred/salat/cru
mit/ohne Eis/Kohlensäure	amb/sense gel/gas
Ich möchte zahlen, bitte.	El compte, sisplau.
Rechnung/Quittung/Trinkgeld	compte/rebut/propina

EINKAUFEN

Wo finde ich …?	On hi ha …?
Ich möchte …/Ich suche …	Voldria …/Estic buscant …
Apotheke/Drogerie	farmacia/drogueria
Bäckerei/Markt	forn/mercat
Einkaufszentrum/Kaufhaus	centre comercial/gran magatzem
Lebensmittelgeschäft/Supermarkt	botiga de queviures/supermercat
Fotoartikel/Fotoladen	articles/botiga de fotografia
100 Gramm/1 Kilo	cent grams/un quilo
teuer/billig/Preis	car/barat/preu
mehr/weniger	més/menys
aus biologischem Anbau	de cultiu ecològic

ÜBERNACHTEN

Ich habe ein Zimmer reserviert.	He reservat una habitació.
Haben Sie noch …?	Encara té …?
Einzelzimmer/Doppelzimmer	una habitació individual/doble
Frühstück/nach vorne/zum Meer	esmorzar/exterior/amb vistes al mar
Dusche/Bad/Balkon	dutxa/bany/balcó
Schlüssel/Zimmerkarte	clau/targeta de l'habitació
Gepäck/Koffer/Tasche	equipatge/maleta/bossa

BANKEN & GELD

Bank/Geldautomat/Geheimzahl	banc/caixer automàtic/codi secret
bar/Kreditkarte	al comptat/amb targeta de crèdit
Banknote/Münze	bitllet/moneda

GESUNDHEIT

Arzt/Zahnarzt/Kinderarzt	metge/dentista/pediatre
Krankenhaus/Notfallpraxis	hospital/urgència

SPRACHFÜHRER

Fieber/Schmerzen	febre/dolor
Durchfall/Übelkeit/Sonnenbrand	diarrea/nàusees/cremada pel sol
Pflaster/Verband/Salbe/Creme	tireta/embenat/pomada/crema
Schmerzmittel/Tablette/Zäpfchen	analgèsic/pastilla/supositori

TELEKOMMUNIKATION & MEDIEN

Briefmarke/Brief/Postkarte	segell/carta/postal
Ich brauche eine Telefonkarte.	Necessito una targeta telefònica.
Ich suche eine Prepaidkarte für mein Handy.	Estic buscant una targeta de prepagament pel mòbil.
Wo finde ich einen Internetzugang?	On em puc connectar a Internet?
Brauche ich eine spezielle Vorwahl?	He de marcar algun prefix determinat?
Steckdose/Adapter/Ladegerät	endoll/adaptador/carregador
Computer/Batterie/Akku	ordinador/bateria/acumulador
At-Zeichen („Klammeraffe")	arrova
E-Mail-Adresse	adreça de correu electrònic
Internetanschluss/WLAN	connexió a internet/WLAN
E-Mail/Datei/ausdrucken	correu electrònic/fitxer/imprimir

FREIZEIT, SPORT & STRAND

Strand	platja
Sonnenschirm/Liegestuhl	para-sol/gandula
Seilbahn/Sessellift	funicular/telecadira

ZAHLEN

0	zero		18	divuit
1	un/una		19	dinou
2	dos/dues		20	vint
3	tres		30	trenta
4	quatre		40	quaranta
5	cinc		50	cinquanta
6	sis		60	seixanta
7	set		70	setanta
8	vuit		80	vuitanta
9	nou		90	noranta
10	deu		100	cent
11	onze		200	dos-cents/dues-centes
12	dotze		1000	mil
13	tretze		2000	dos mil
14	catorze		10000	deu mil
15	quinze			
16	setze		½	mig
17	disset		¼	un quart

EIGENE NOTIZEN

MARCO POLO

Unser Urlaub

Web • Apps • eBooks

Die smarte Art zu reisen

Jetzt informieren unter:

www.marcopolo.de/digital

Individuelle Reiseplanung,
interaktive Karten, Insider-Tipps.
Immer, überall, aktuell.

REISEATLAS

Die grüne Linie ▬▬ zeichnet den Verlauf der Ausflüge & Touren nach
Die blaue Linie ▬▬ zeichnet den Verlauf der Perfekten Route nach

Der Gesamtverlauf aller Touren ist auch in der herausnehmbaren Faltkarte eingetragen

Bild: Küste bei Sa Caleta, Ibiza

Unterwegs auf Ibiza/Formentera

Die Seiteneinteilung für den Reiseatlas finden Sie auf dem hinteren Umschlag dieses Reiseführers

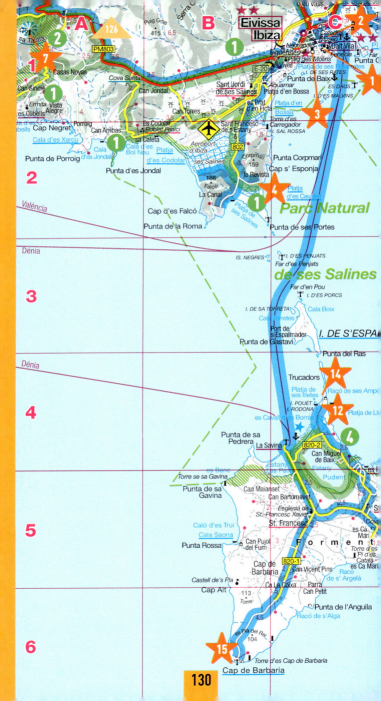

KARTENLEGENDE

Autobahn · Gebührenpflichtige Anschlussstelle · Gebührenstelle · Anschlussstelle mit Nummer · Rasthaus mit Übernachtung · Raststätte · Kleinraststätte · Tankstelle · Parkplatz mit und ohne WC	Motorway · Toll junction · Toll station · Junction with number · Motel · Restaurant · Snackbar · Filling-station · Parking place with and without WC
Autobahn in Bau und geplant mit Datum der Verkehrsübergabe	Motorway under construction and projected with completion date
Zweibahnige Straße (4-spurig)	Dual carriageway (4 lanes)
Fernverkehrsstraße · Straßennummern	Trunk road · Road numbers
Wichtige Hauptstraße	Important main road
Hauptstraße · Tunnel · Brücke	Main road · Tunnel · Bridge
Nebenstraßen	Minor roads
Fahrweg · Fußweg	Track · Footpath
Wanderweg (Auswahl)	Tourist footpath (selection)
Eisenbahn mit Fernverkehr	Main line railway
Zahnradbahn, Standseilbahn	Rack-railway, funicular
Kabinenschwebebahn · Sessellift	Aerial cableway · Chair-lift
Autofähre · Personenfähre	Car ferry · Passenger ferry
Schifffahrtslinie	Shipping route
Naturschutzgebiet · Sperrgebiet	Nature reserve · Prohibited area
Nationalpark · Naturpark · Wald	National park · natural park · Forest
Straße für Kfz. gesperrt	Road closed to motor vehicles
Straße mit Gebühr	Toll road
Straße mit Wintersperre	Road closed in winter
Straße für Wohnanhänger gesperrt bzw. nicht empfehlenswert	Road closed or not recommended for caravans
Touristenstraße · Pass	Tourist route · Pass
Schöner Ausblick · Rundblick · Landschaftlich bes. schöne Strecke	Scenic view · Panoramic view · Route with beautiful scenery
Heilbad · Schwimmbad	Spa · Swimming pool
Jugendherberge · Campingplatz	Youth hostel · Camping site
Golfplatz · Sprungschanze	Golf-course · Ski jump
Kirche im Ort, freistehend · Kapelle	Church · Chapel
Kloster · Klosterruine	Monastery · Monastery ruin
Synagoge · Moschee	Synagogue · Mosque
Schloss, Burg · Schloss-, Burgruine	Palace, castle · Ruin
Turm · Funk-, Fernsehturm	Tower · Radio-, TV-tower
Leuchtturm · Kraftwerk	Lighthouse · Power station
Wasserfall · Schleuse	Waterfall · Lock
Bauwerk · Marktplatz, Areal	Important building · Market place, area
Ausgrabungs- u. Ruinenstätte · Bergwerk	Arch. excavation, ruins · Mine
Dolmen · Menhir · Nuraghen	Dolmen · Menhir · Nuraghe
Hünen-, Hügelgrab · Soldatenfriedhof	Cairn · Military cemetery
Hotel, Gasthaus, Berghütte · Höhle	Hotel, inn, refuge · Cave

Kultur — **Culture**

Malerisches Ortsbild · Ortshöhe	Picturesque town · Elevation
Eine Reise wert	Worth a journey
Lohnt einen Umweg	Worth a detour
Sehenswert	Worth seeing

Landschaft — **Landscape**

Eine Reise wert	Worth a journey
Lohnt einen Umweg	Worth a detour
Sehenswert	Worth seeing

Ausflüge & Touren — **Trips & Tours**

Perfekte Route — **Perfect route**

MARCO POLO Highlight — **MARCO POLO Highlight**

FÜR DIE NÄCHSTE REISE ...

ALLE **MARCO POLO** REISEFÜHRER

DEUTSCHLAND

Allgäu
Bayerischer Wald
Berlin
Bodensee
Chiemgau/
  Berchtesgadener
  Land
Dresden/
  Sächsische
  Schweiz
Düsseldorf
Eifel
Erzgebirge/
  Vogtland
Föhr/Amrum
Franken
Frankfurt
Hamburg
Harz
Heidelberg
Köln
Lausitz/
  Spreewald/
  Zittauer Gebirge
Leipzig
Lüneburger Heide/
  Wendland
Mecklenburgische
  Seenplatte
Mosel
München
Nordseeküste
  Schleswig-
  Holstein
Oberbayern
Ostfriesische Inseln
Ostfriesland/
  Nordseeküste
  Niedersachsen/
  Helgoland
Ostseeküste
  Mecklenburg-
  Vorpommern
Ostseeküste
  Schleswig-
  Holstein
Pfalz
Potsdam
Rheingau/
  Wiesbaden
Rügen/Hiddensee/
  Stralsund
Ruhrgebiet
Sauerland
Schwarzwald
Stuttgart
Sylt
Thüringen
Usedom
Weimar

ÖSTERREICH SCHWEIZ

Berner Oberland/
  Bern
Kärnten
Österreich
Salzburger Land
Schweiz
Steiermark
Tessin
Tirol
Wien
Zürich

FRANKREICH

Bretagne
Burgund
Côte d'Azur/
  Monaco
Elsass
Frankreich
Französische
  Atlantikküste
Korsika
Languedoc-
  Roussillon
Loire-Tal
Nizza/Antibes/
  Cannes/Monaco
Normandie
Paris
Provence

ITALIEN MALTA

Apulien
Dolomiten
Elba/Toskanischer
  Archipel
Emilia-Romagna
Florenz
Gardasee
Golf von Neapel
Ischia
Italien
Italienische Adria
Italien Nord
Italien Süd
Kalabrien
Ligurien/Cinque
  Terre
Mailand/
  Lombardei
Malta/Gozo
Oberital. Seen
Piemont/Turin
Rom
Sardinien
Sizilien/Liparische
  Inseln
Südtirol
Toskana
Umbrien
Venedig
Venetien/Friaul

SPANIEN PORTUGAL

Algarve
Andalusien
Barcelona
Baskenland/
  Bilbao
Costa Blanca
Costa Brava
Costa del Sol/
  Granada
Fuerteventura
Gran Canaria
Ibiza/Formentera
Jakobsweg/
  Spanien
La Gomera/
  El Hierro
Lanzarote
La Palma
Lissabon
Madeira
Madrid
Mallorca
Menorca
Portugal
Spanien
Teneriffa

NORDEUROPA

Bornholm
Dänemark
Finnland
Island
Kopenhagen
Norwegen
Oslo
Schweden
Stockholm
Südschweden

WESTEUROPA BENELUX

Amsterdam
Brüssel
Cornwall und
  Südengland
Dublin
Edinburgh
England
Flandern
Irland
Kanalinseln
London
Luxemburg
Niederlande
Niederländische
  Küste
Schottland

OSTEUROPA

Baltikum
Budapest
Danzig
Krakau
Masurische Seen
Moskau
Plattensee
Polen
Polnische
  Ostseeküste/
  Danzig
Prag
Slowakei
St. Petersburg
Tallinn
Tschechien
Ukraine
Ungarn
Warschau

SÜDOSTEUROPA

Bulgarien
Bulgarische
  Schwarzmeer-
  küste
Kroatische Küste/
  Dalmatien
Kroatische Küste/
  Istrien/Kvarner
Montenegro
Rumänien
Slowenien

GRIECHENLAND TÜRKEI ZYPERN

Athen
Chalkidiki/
  Thessaloniki
Griechenland
  Festland
Griechische Inseln/
  Ägäis
Istanbul
Korfu
Kos
Kreta
Peloponnes
Rhodos
Samos
Santorin
Türkei
Türkische Südküste
Türkische Westküste
Zákinthos/Itháki/
  Kefaloniá/Léfkas
Zypern

NORDAMERIKA

Alaska
Chicago und
  die Großen Seen
Florida
Hawai`i
Kalifornien
Kanada
Kanada Ost
Kanada West
Las Vegas
Los Angeles
New York
San Francisco
USA
USA Ost
USA Südstaaten/
  New Orleans
USA Südwest
USA West
Washington D.C.

MITTEL- UND SÜDAMERIKA

Argentinien
Brasilien
Chile
Costa Rica
Dominikanische
  Republik
Jamaika
Karibik/
  Große Antillen
Karibik/
  Kleine Antillen
Kuba
Mexiko
Peru/Bolivien
Venezuela
Yucatán

AFRIKA UND VORDERER ORIENT

Ägypten
Djerba/
  Südtunesien
Dubai
Israel
Jordanien
Kapstadt/
  Wine Lands/
  Garden Route
Kapverdische
  Inseln
Kenia
Marokko
Namibia
Rotes Meer/Sinai
Südafrika
Tansania/
  Sansibar
Tunesien
Vereinigte
  Arabische
  Emirate

ASIEN

Bali/Lombok/Gilis
Bangkok
China
Hongkong/Macau
Indien
Indien/Der Süden
Japan
Kambodscha
Ko Samui/
  Ko Phangan
Krabi/Ko Phi Phi/
  Ko Lanta
Malaysia
Nepal
Peking
Philippinen
Phuket
Shanghai
Singapur
Sri Lanka
Thailand
Tokio
Vietnam

INDISCHER OZEAN UND PAZIFIK

Australien
Malediven
Mauritius
Neuseeland
Seychellen

REGISTER

In diesem Register sind alle im Reiseführer erwähnten Orte und Ausflugsziele sowie einige wichtige Stichworte und Namen aufgeführt. Gefettete Seitenzahlen verweisen auf den Haupteintrag. Mit (Fo) bezeichnete Einträge beziehen sich auf die Insel Formentera.

Aguamar (Eivissa) 104
Aquarium Cap Blanc 52
Architektur 18
Balàfia 78
Baluard de Sant Jaume (Eivissa) 105
Bodega Sa Cova 60
Cala Bassa 30, 55, 56, **58**, 106, 113
Cala Boix 78
Cala d'Hort 30, **62**, 96
Cala d'Albarca 58
Cala de Benirràs 69
Cala de Sant Vicent 31, **79**
Cala des Moró 55
Cala des Xuclar 72
Cala Es Jondal 17, 63
Cala Gració 55
Cala Gracioneta 55
Cala Llenya 78
Cala Llonga **77,** 102, 104
Cala Mastella 78
Cala Nova 16, 78
Cala Pada 75, 107
Cala Salada 55
Cala Saona (Fo) 92
Cala Tarida 55, **63**, 104
Cala Vadella (Vedella) **63**, 96, 104
Cala Xarraca 72
Cala Yoga 55
Caló des Mort (Fo) 88
Camí de Sa Pujada (Fo) **84,** 91
Camí de ses Illetes (Fo) 90
Camí de s'Estany (Fo) **84,** 99
Can Marroig (Fo) 91, 107
Can na Costa (Fo) 85
Cap de Barbaria (Fo) 31, 89, **93,** 107
Cap d'es Falcó 48
Cap Martinet 49
Cap Nuno 55
Cova de Can Marçà 8, 30, **70,** 104, 106
Cova de les Fontenelles 55
Cova de Santa Agnès/Capella subterrània 53
Dalt Vila (Eivissa) 14, 32, 33, 34, 36, 48, 105, 109
Diskotheken 44, 45, 65
Eivissa (Ibiza-Stadt) 13, 14, 29, 30, **32,** 94, 96, 102, 104, 105, 106, 108, 109, 111, 114
Eivissa Nova 39
El Pilar de la Mola (Fo) 29, 31, 82, 84, **85,** 86
Es Bosc 58
Es Caló de Sant Agustí (Fo) 31, 84, **86**
Es Camp Vell 59
Es Canar 28, 31, **66,** 104
Es Cavallet 22
Es Cuieram 78
Es Pujols (Fo) **82,** 84, 85, 88, 99, 102, 103
Es Vedrà 30, 62, 96
Es Vedranell 30, 62, 96
Estany des Peix (Fo) 81, 85, **88**, 91, 107
Estany Pudent (Fo) 81, 83, **84**, 88, 91, 99, 102, 107
Far de la Mola (Fo) 86
Far des Moscarter 72
Fauna 20
Figueretes 47
Flora 21
Folklore 21
Hafen (Eivissa) 38, 44, 49
Hippiemärkte 11, 28, 68, 71, 78
Illa de S'Espalmador (Fo) 90
Karting San Antonio 55
Katalanisch 21
La Mola (Fo) 15, 31, 82, 85
La Savina (Fo) 31, 82, 85, **88,** 99, 101, 102, 103, 107, 114
Las Dalias 11, 28, 78
Marina Botafoc 22, 34, 39, 44, 102
Mini Tren Turístico 106
Mode 16, 29, 109, 110
Necròpolis Púnica (Puig des Molins, Eivissa) 40
Parque Natural de Ses Salines 22
Passeig de Vara de Rey (Eivissa) 34, 41, 42
Pla del Rei (Fo) 93
Platja Aigües Blanques 79
Platja de Comte 56
Platja de Llevant (Fo) 31, 83, 88, 90, 99, 113, 114
Platja de Mitjorn (Fo) 31, 86, **87,** 88
Platja de S'Argamassa 75
Platja de ses Figueretes 32
Platja de ses Illetes (Fo) 31, 83, 88, **90,** 99, 113
Platja de Ses Salines 30, **49,** 113
Platja de Talamanca 31, 32, 39, 44, **49**
Platja d'en Bossa 32, 44, **47,** 103, 104
Platja d'es Cavallet 30, **48,** 94, 113, 114
Platja d'es Codolar 30, **48**
Platja d'es Copinar (Fo) 87
Platja des Figueral 79
Platja d'es Pujols (Fo) 83
Platja Es Cavall d'en Borràs (Fo) 90
Platja Es Pou des Lleó 79
Platjes de Comte 58
Poblat fenici 63
Port de Sant Miquel 8, 30, 66, **69,** 106
Port d'es Torrent 55
Portinatx 31, 66, **71,** 78, 103, 104
Puig de Missa (S. Eul.) 31, 74
Puig des Molins (Eivissa) 34, 40, 47
Punta Arabí 6, 28, 31, 67, 68
Punta de sa Galera 55
Punta de ses Calderes 67
Punta de ses Portes 48
Punta des Molí 53
Sa Caleta **63,** 95
Sa Capelleta d'en Serra 56
Sa Conillera 58
Sa Penya (Eivissa) 20, 38
Sa Talaia 15, 30, 50, **64,** 96, 97, 100, 103
Sa Talaiassa (Fo) 15, 82
Sa Torre 58
Sant Agustí des Vedrà 63
Sant Antoni de Portmany 14, 19, 30, **50,** 97, 100, 103, 106, 108, 109
Sant Carles de Peralta 28, 31, 66, **77,** 113
Sant Ferràn de ses Roques (Fo) 82, 91, **93**
Sant Francesc (Fo) 91
Sant Joan de Labritja 16, 66, **73,** 109
Sant Jordi de ses Salines 39, 94, 108
Sant Josep de sa Talaia 30, 54, 56, **60,** 96, 97, 103, 108, 111
Sant Llorenç de Balàfia 106

Sant Mateu d'Albarca 8, 14, 23, 30, **59**, 98
Sant Miquel de Balansat 16, 30, **71**, 98, 108, 109
Sant Rafel 9, 28, 31, 44, 56, **64**, 98
Sant Vicent de sa Cala 79
Santa Agnès de Corona 14, 30, **59**, 64, 97, 106, 108
Santa Eulària d'es Riu 8, 14, 16, 31, 44, 66, **73**, 102, 103, 107, 108, 111
Santa Gertrudis de Fruitera 16, 17, **70**, 98, 106
S'Embarcador 58
Ses Païses de Cala d'Hort 63
Ses Platgetes (Fo) 86
Ses Portes 49
Ses Salines 22
S'Espalmador (Fo) 15, 89, 90
S'Estanyol 17
S'Illot des Renclí 72
Torre de Punta Prima (Fo) 83
Torre d'en Rovira 58
Torre des Cap de Barbaria/Torre des Garroveret (Fo) 93
Torre d'es Carregador 47
Torre des Garroveret/Torre des Cap de Barbaria (Fo) 107
Torre d'es Molar 71
Torre de La Gavina (Fo) **91**, 107
Vall de Morna 100
Verne, Jules 86
Wein 8, 23, 27, 29, 60

SCHREIBEN SIE UNS!

Egal, was Ihnen Tolles im Urlaub begegnet oder Ihnen auf der Seele brennt, lassen Sie es uns wissen! Ob Lob, Kritik oder Ihr ganz persönlicher Tipp – die MARCO POLO Redaktion freut sich auf Ihre Infos.

Wir setzen alles dran, Ihnen möglichst aktuelle Informationen mit auf die Reise zu geben. Dennoch schleichen sich manchmal Fehler ein – trotz gründlicher Recherche unserer Autoren/innen. Sie haben sicherlich Verständnis, dass der Verlag dafür keine Haftung übernehmen kann.

MARCO POLO Redaktion
MAIRDUMONT
Postfach 31 51
73751 Ostfildern
info@marcopolo.de

IMPRESSUM
Titelbild: Ibiza-Stadt, Hafen (vario images: RHPL)
Fotos: Can Marti: Adrian Batty (16 u.); A. Drouve (1 u., 17 u.); DuMont Bildarchiv: Schröder (65, 96, 99, 110 u.); R. M. Gill (107); R. Hackenberg (70); Huber: Foulkes (Klappe r., 30 l.), Liese (2 o., 5), Schmid (2 M. u., 3 M., 24/25, 28, 32/33, 68, 94/95), Serrano (89); © iStockphoto.com: Lachlan Currie (16 M.); Laif: Eid (47, 59, 75), Emmler (3 u.), Guichaoua (17 o.); Look: age fotostock (82), Greune (104/105); mauritius images: AGE (16 o., 38, 42/43, 62), Alamy (2 M. o., 2 u., 6, 8, 10/11, 12/13, 15, 27, 34, 48/49, 50/51, 56/57, 72, 76/77, 100/101, 110 o.), Mattes (124/125); mauritius images/imagebroker: Bomand (30 r.), Eisele-Hein (4), Siepmann (45), Tack (26 r.); H. P. Merten (28/29, 86, 103); D. Renckhoff (7, 9, 18/19, 20, 23, 37, 40, 52, 55, 60/61, 79, 92, 108); T. Stankiewicz (Klappe l., 3 o.), 66/67, 80/81, 85, 87, 90/91, 102, 111); vario images: RHPL (1 o.); White Star: Gumm (26 l., 29, 108/109); T. Widmann (109)

15., aktualisierte Auflage 2014
© MAIRDUMONT GmbH & Co. KG, Ostfildern
Chefredakteurin: Marion Zorn
Autor: Andreas Drouve; Redaktion: Jochen Schürmann
Verlagsredaktion: Ann-Katrin Kutzner, Nikolai Michaelis; Prozessmanagement Redaktion: Verena Weinkauf
Bildredaktion: Gabriele Forst
Im Trend: wunder media, München
Kartografie Reiseatlas: © MAIRDUMONT, Ostfildern; Kartografie Faltkarte: © MAIRDUMONT, Ostfildern
Innengestaltung: milchhof: atelier, Berlin; Titel, S. 1, Titel Faltkarte: factor product münchen
Sprachführer: in Zusammenarbeit mit Ernst Klett Sprachen GmbH, Stuttgart, Redaktion PONS Wörterbücher
Das Werk einschließlich aller seiner Teile ist urheberrechtlich geschützt. Jede urheberrechtsrelevante Verwertung ist ohne Zustimmung des Verlags unzulässig und strafbar. Das gilt insbesondere für Vervielfältigungen, Übersetzungen, Nachahmungen, Mikroverfilmungen und die Einspeicherung und Verarbeitung in elektronischen Systemen.
Printed in China

DAS FALSCHE SCHUHWERK WÄHLEN

Formentera und Ibiza sind traumhafte Strandinseln, doch auf Wanderwegen und Pfaden hinab zu versteckten Buchten sind Flip-Flops oder Sandalen mitunter alles andere als geeignet. Die Felsen können äußerst scharfkantig sein, was feste Schuhe mit dicken Sohlen erfordert. Auch in Eivissas steil ansteigender Altstadt Dalt Vila ist auf richtiges Schuhwerk zu achten – das historische Pflaster kann stellenweise ganz schön glatt sein!

ALLZU FÖRMLICH SEIN

Oft geht man von vornherein zum Du über, ohne Brüder- oder Schwesternschaft getrunken zu haben. Wer sich in Spanisch übt und sein gleichaltriges Gegenüber mit *Usted* (Sie) anspricht, wird befremdliche Blicke ernten. Das „Sie" bleibt eher älteren Herrschaften vorbehalten oder ist bei formelleren Anlässen gebräuchlich. Ansonsten geht es durchweg locker zu, nicht nur während der Urlaubszeit.

IM STRASSENVERKEHR UNACHTSAM SEIN

Klar, die Inselkulissen lenken Leihwagenfahrer leicht ab: Hügel, Kiefernhaine, Traumbuchten. Vermeiden Sie unter allen Umständen, den Blick auch nur kurz von Straßen und Pisten zu nehmen! Schlaglöcher lauern überall, abgeschiedene Strecken verfügen weder über Rand- noch Mittelstreifen und schlängeln sich schmal dahin. Bedenken Sie auch, dass sich viele spanische Fahrzeuglenker nicht gerade durch vorausschauende Fahrweise auszeichnen – als Kurvenschneider können sie unangenehm entgegenkommend sein. Ein Hinweis für Fußgänger: Spielen Sie auf Zebrastreifen nicht mit Ihrem Leben, und fordern Sie Ihr Recht nicht auf Gedeih und Verderben ein. Nicht jeder Fahrer stoppt an den Übergängen automatisch!

DIEBEN DAS LEBEN LEICHT MACHEN

Wo viele Menschen zusammenströmen, sind dunkle Gesellen erfahrungsgemäß nicht weit. Lassen Sie niemals Wertsachen, Kleidung oder Taschen, die einen lukrativen Inhalt vermuten lassen, sichtbar im Innern Ihres Wagens zurück. Auch im Gedränge von Märkten oder bei jeglicher Art von Events sollten Sie vor Taschendieben auf der Hut sein. Nehmen Sie im Zweifelsfall nur das Nötigste mit, lassen Sie Handtaschen nicht unbedarft über den Rücken baumeln, geben Sie Dokumente und Geldreserven vorsichtshalber in den Safe Ihres Hotels.

UNBEDACHT ZÜNDELN

Da Ibiza immer mal wieder von Busch- und Waldbränden betroffen ist, sollte man den Appell beherzigen, mit offenem Feuer höchst vorsichtig umzugehen. Einmal unbedacht glühende Grillkohle liegengelassen oder eine Kippe weggeworfen – schon bringt man sich und andere und die wertvolle Natur in Gefahr.